Dirk Lippold

B2B-Marketing und -Vertrieb

Dirk Lippold

B2B-Marketing und -Vertrieb

Die Vermarktung erklärungsbedürftiger Produkte
und Leistungen

DE GRUYTER
OLDENBOURG

ISBN 978-3-11-075668-5
e-ISBN (PDF) 978-3-11-075680-7
e-ISBN (EPUB) 978-3-11-075690-6

Library of Congress Control Number: 2021942348

Bibliografische Information der Deutschen Nationalbibliothek
Die Deutsche Nationalbibliothek verzeichnet diese Publikation in der Deutschen Nationalbibliografie;
detaillierte bibliografische Daten sind im Internet über http://dnb.dnb.de abrufbar.

© 2021 Walter de Gruyter GmbH, Berlin/Boston
Druck und Bindung: CPI books GmbH, Leck

www.degruyter.com

If you can do it, teach it.

If you can teach it, write about it.

Vorwort

Ob bei der Vermarktung von Roh-, Hilfs- und Betriebsstoffen, technischen Anlagen, Ersatzteilen, Werkzeugmaschinen, Produktkomponenten, Telekommunikationseinrichtungen, Schiffen, Software oder Beratungsleistungen, Marketing und Vertrieb zählen zu den wichtigsten, aber auch teuersten Erfolgsfaktoren im B2B-Geschäft.

Diese Erkenntnis und zugleich auch die Tatsache, dass vier von fünf B2B-Unternehmen heute bereits signifikante Umsätze mit dem Online-Vertrieb erzielen, stellen viele Unternehmen im B2B-Bereich vor zunehmend große Herausforderungen. Gleichzeitig bieten sich damit eine Reihe neuer Perspektiven für eine reibungslose Zusammenarbeit auf der Vermarktungsseite. Marketing und Vertrieb obliegen somit die spannende Aufgabe, die effiziente Gestaltung der Vertriebskanäle vorzunehmen und die besonderen Herausforderungen des E-Commerce umzusetzen.

Hinzu kommt noch ein weiterer Aspekt. Während im B2C-Geschäft das Marketing eine hohe Anerkennung genießt, ist das B2B-Marketing immer noch im Dornröschenschlaf. Es wachzuküssen und gleichrangig neben den B2B-Vertrieb zu stellen, ist ein weiteres wichtiges Anliegen dieser Ausführungen.

Für die verlagsseitige Förderung des nunmehr vorliegenden kleinen Lehrbuchs für B2B bedanke ich mich bei Dr. Stefan Giesen sowie bei Herrn Stefan Diezmann, die mich bei der Umsetzung des Manuskripts unterstützt hat.

Zur besseren Lesbarkeit wird für alle Personen das generische Maskulinum verwendet.

Berlin, im Juni 2021   Dirk Lippold

https://doi.org/10.1515/9783110756807-201

Inhalt

1. Thematische und begriffliche Grundlegung

Ob bei der Vermarktung von Roh-, Hilfs- und Betriebsstoffen, technischen Anlagen, Ersatzteilen, Werkzeugmaschinen, Produktkomponenten, Telekommunikationseinrichtungen, ERP-Systemen oder Beratungsleistungen, Marketing ist und bleibt einer der wichtigsten Erfolgsfaktoren. Viele fokussieren diesen Erfolgsfaktor allerdings ausschließlich auf das *Branding*, also auf eine gut eingeführte Marke. Das ist aber bei genauerer Betrachtung der Abläufe und Aktivitäten auf der Absatzseite eines B2B-Unternehmens zu kurz gegriffen. Im Gegenteil, Marketing *und* Vertrieb sind die ganz entscheidenden Faktoren einer erfolgreich operierenden Unternehmenseinheit.

Hinzu kommt noch ein weiterer Gesichtspunkt: Vier von fünf B2B-Unternehmen erzielen heute bereits signifikante Umsätze mit dem **Online-Vertrieb**. Online-Vertriebskanäle wie geschlossene Plattformen für Kunden, der eigene Online-Shop oder B2B-Marktplätze werden zunehmend besser bewertet als die klassischen (analogen) Vertriebskanäle. Jedes fünfte Unternehmen generiert heute bereits die Hälfte seines Umsatzes über das Internet. Experten gehen davon aus, dass **Online-Vertriebskanäle** innerhalb der nächsten fünf Jahren den direkten Vertrieb überholen und den Außendienst dominieren werden. Marketing und Vertrieb obliegen somit die spannende Aufgabe, die effiziente Gestaltung der Vertriebskanäle vorzunehmen und die besonderen Herausforderungen des **E-Commerce** umzusetzen.

1.1 Geltungsbereich

Der Marketing-Begriff hat nahezu in alle Lebensbereiche Einzug gehalten. Die Bandbreite reicht dabei vom „klassischen" Konsumgütermarketing, über das Personalmarketing bis hin zum Gender-Marketing.

Die gängigsten Marketing-Wortverbindungen orientieren sich an der grundsätzlichen Produkt- bzw. Gütersystematik:

- Konsumgütermarketing,
- Industriegütermarketing (auch: Investitionsgütermarketing) und
- Dienstleistungsmarketing.

Vorreiter und nach wie vor das Zugpferd der Marketing-Idee ist das **Konsumgütermarketing**. Hier steht die Vermarktung von Ver- und Gebrauchsgütern an die Zielgruppe der Konsumenten im Fokus. Zehn, fünfzehn oder gar zwanzig Prozent des Umsatzes investieren Konsumgüterhersteller – und zwar zu Recht – allein in die Entwicklung der Marke(n) [vgl. Münzberg 2006, S. 27].

https://doi.org/10.1515/9783110756807-001

Gegenstand des **Industriegütermarketings** (der Begriff *Investitionsgütermarketing* wird weitgehend synonym verwendet) ist die Vermarktung von Produkten und Leistungen an andere Unternehmen oder Organisationen, deren Beschaffungsverhalten und -prozesse sich im Regelfall erheblich vom Kaufverhalten bei Konsumgütern unterscheiden. Zu den Anbietern auf dem Industriegütermarkt zählen u. a. der Maschinen- und Anlagenbau, die Zulieferindustrie und weite Bereiche der IT- und Kommunikationsindustrie [zur Definition und Abgrenzung des Industriegütermarketings siehe ausführlich Backhaus/Voeth 2014, S. 3 ff.].

Besonders in hoch entwickelten Industrieländern nimmt die Bedeutung von Dienstleistungen und damit auch die Bedeutung des **Dienstleistungsmarketings** ständig zu. Wichtige Anbieter des Dienstleistungssektors sind u. a. Banken, Versicherungen, Transportunternehmen, Unternehmensberatungen, Wirtschaftsprüfungsgesellschaften, Steuerberatungen, Werbeagenturen, Reinigungsunternehmen.

1.1.1 Abgrenzung zwischen B2B und B2C

Die hiermit dargestellte Abgrenzung des relevanten Marktes nach Güterarten kann allerdings eine bedürfnisgerechte Gestaltung der Marketingaktivitäten zumeist nicht leisten. Dies hat – aus dem angelsächsischen Sprachraum kommend – zu einer Marketing-Typologie geführt, die sich an den unterschiedlichen Käufer- bzw. Abnehmergruppen orientiert:

- Business-to-Consumer (B2C)
- Business-to-Business (B2B)

Das B2C-Marketing wendet sich ausschließlich an den Endkonsumenten als Kunden, während sich das B2B-Marketing an Unternehmen und sonstige Organisationen richtet (siehe Abbildung 1-01).

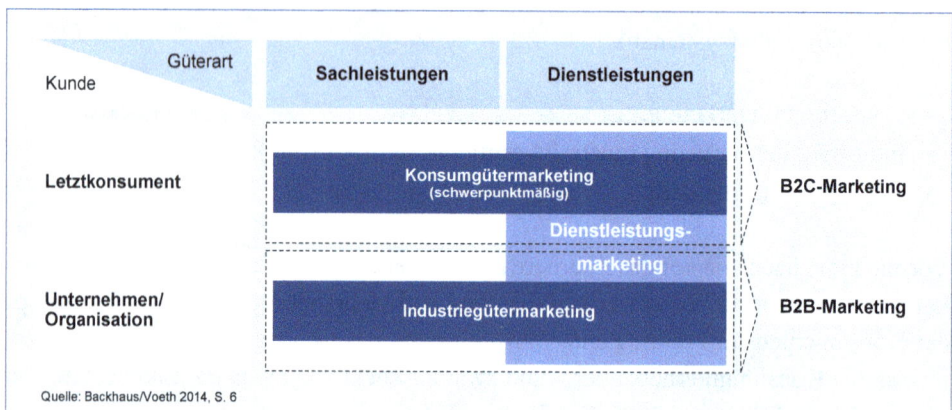

Abb. 1-01: Abgrenzung B2C- und B2B-Marketing

Die **Stellung des Kunden im Wirtschaftsablauf** ist somit das wesentliche Unterscheidungskriterium zwischen B2C und B2B. Mit dieser Einteilung lässt sich das unterschiedliche Kaufverhalten der einzelnen Käufergruppen dahingehend systematisieren, dass es typenübergreifend eine differenzierte, innerhalb eines Typs aber weitgehend einheitliche Ausrichtung der Marketingaktivitäten zulässt. Konkret bedeutet dies, dass sich die Marketing-Konzeptionen von Unternehmen, die schwerpunktmäßig B2C-Märkte ansprechen, teilweise grundsätzlich von denen der Unternehmen des B2B-Bereichs unterscheiden, sich innerhalb der jeweiligen Bereiche aber weitgehend ähneln.

Das **Konsumgütermarketing** ist auf Endverbraucherebene nahezu ausnahmslos dem B2C-Marketing zuzuordnen. Die Bedarfsdeckung von Unternehmen und Organisationen mit Ver- und Gebrauchsgütern (z. B. für Betriebskantinen) kann vernachlässigt werden.

Ebenso eindeutig ist die Zuordnung der Vermarktungsaktivitäten des **Industriegüterbereichs** zum B2B-Marketing. Homburg/Krohmer weisen überdies darauf hin, dass der Begriff des B2B-Marketings zunehmend den Begriff des Industriegütermarketings ersetzt. B2B-Marketing ist darüber hinaus breiter gefasst als das Industriegütermarketing, da es die Vermarktung von Konsumgütern gegenüber dem Handel und auch die Vermarktung von Dienstleistungen gegenüber organisationalen Kunden mit einbezieht [vgl. Homburg/Krohmer 2006, S. 332 unter Bezugnahme auf Backhaus/Voeth 2004, Baumgarth 2004 und Kleinaltenkamp 2000].

Insofern sind beispielsweise Marketingaktionen, die ein Konsumgüterhersteller mit dem Zentraleinkäufer einer Handelskette vereinbart, eindeutig dem B2B- und nicht dem B2C-Marketing zuzuordnen. Weniger eindeutig ist hingegen die Zuordnung des Dienstleistungsmarketings.

Der **Dienstleistungssektor** ist geprägt von einer Vielfalt von Dienstleistungsarten, die entweder nur Personen (z. B. Friseurleistungen), nur Unternehmen/Organisationen (z. B. Unternehmensberatung) oder beiden Käufergruppen (z. B. Bank- und Versicherungsleistungen) angeboten werden.

Abbildung 1-02 liefert eine Zuordnung der güterbezogenen Segmente zu den beiden Käufergruppen (Letztkonsumenten bzw. Unternehmen/Organisationen).

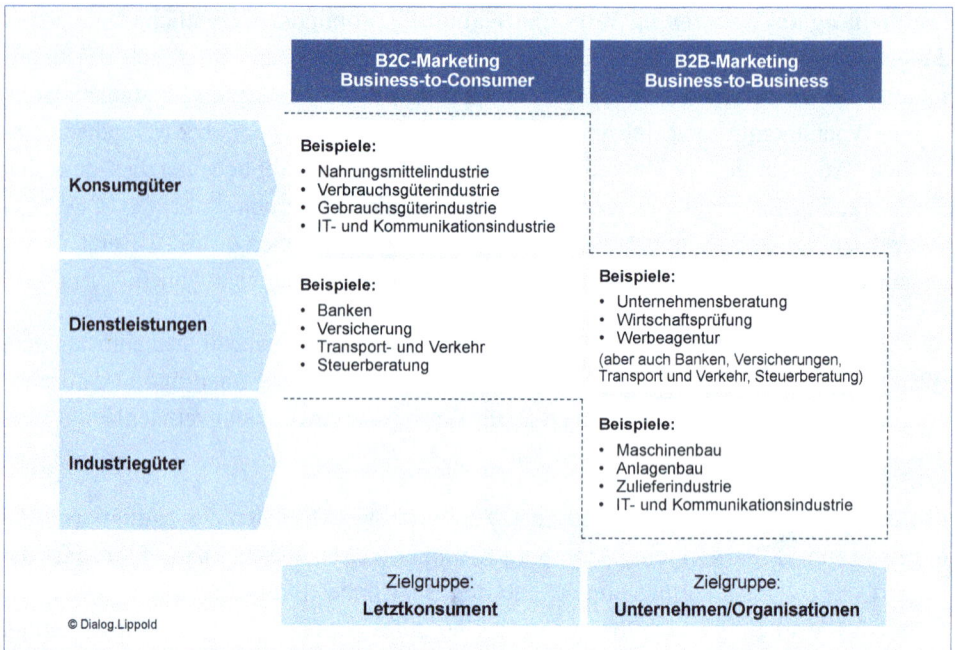

	B2C-Marketing Business-to-Consumer	B2B-Marketing Business-to-Business
Konsumgüter	Beispiele: • Nahrungsmittelindustrie • Verbrauchsgüterindustrie • Gebrauchsgüterindustrie • IT- und Kommunikationsindustrie	
Dienstleistungen	Beispiele: • Banken • Versicherung • Transport- und Verkehr • Steuerberatung	Beispiele: • Unternehmensberatung • Wirtschaftsprüfung • Werbeagentur (aber auch Banken, Versicherungen, Transport und Verkehr, Steuerberatung)
Industriegüter		Beispiele: • Maschinenbau • Anlagenbau • Zulieferindustrie • IT- und Kommunikationsindustrie
© Dialog.Lippold	Zielgruppe: **Letztkonsument**	Zielgruppe: **Unternehmen/Organisationen**

Abb. 1-02: Zuordnung der güterbezogenen Segmente zu B2C und B2B

1.1.2 Konsumgüterbereich nicht deckungsgleich mit B2C

Doch auch die weiter gefasste Darstellung in Abbildung 1-02 weist in ihrer Zuordnung immer noch eine Ungenauigkeit auf. So ist der Konsumgüterbereich hier eindeutig dem B2B-Marketing zugeordnet. Das ist aber schon deshalb nicht korrekt, weil im Konsumgüterbereich der **persönliche Verkauf des Herstellers** überall dort zum Tragen kommt, wo die eigene Vertriebsorganisation im Rahmen der Distributionskanäle direkt auf den nächsten Verwender trifft.

So muss ein Markenartikelhersteller beispielsweise mit dem Zentraleinkauf von Warenhäusern oder Handelsketten über Abnahmemengen sowie Preise und Konditionen verhandeln oder Jahresgespräche über Verkaufsförderungsaktionen führen. Solche Jahresgespräche zielen allerdings nicht auf den direkten Verkauf der Produkte. Sie sind vielmehr eine Vorstufe, um z.B. mit der Listung eines neuen Produkts in den Handelsbetrieben oder im Rahmen einer Weihnachtsaktion erst die Möglichkeit für das Herstellerunternehmen eröffnet, dass die Produkte in die Regale kommen und dann in größeren Stückzahlen verkauft werden können.

In Abbildung 1-03 sind diese Schnittstellen, an denen der persönliche Verkauf des Herstellers auch für den Konsumgüterbereich von Bedeutung ist, besonders gekennzeichnet.

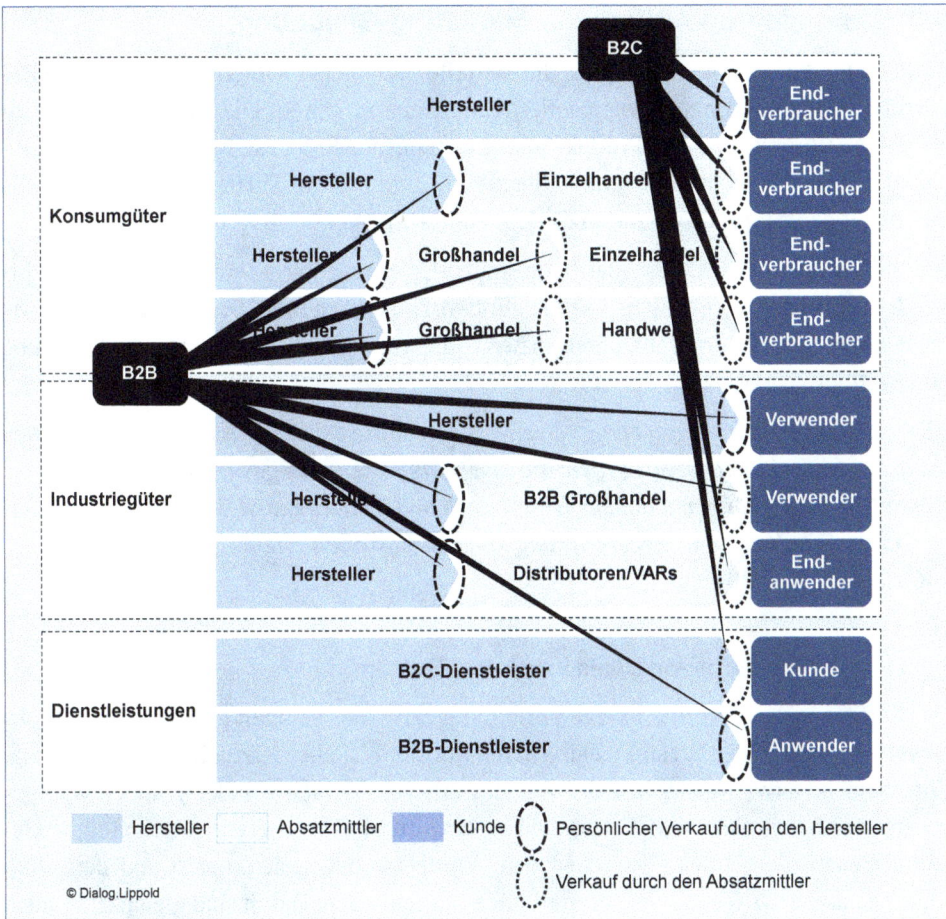

Abb. 1-03: Persönlicher Verkauf durch den Hersteller

Unabhängig von diesen mehr klassischen güterbezogenen Überlegungen kommt hinzu, dass mit der Nutzung von Online-Vertriebskanälen der persönliche Verkauf des Konsumgüterherstellers zunehmend auch an der Schnittstelle zum Endverbraucher stattfindet.

1.2 Elemente und Aufbau der Marketing-Gleichung

Zentrale Idee des Marketings ist es, die Vorteile des eigenen Unternehmens auf die Bedürfnisse vorhandener und potenzieller Kunden auszurichten. Die Bestimmungsfaktoren dieser Vorteile sind das Produkt- und Leistungsportfolio, die besonderen Fähigkeiten, das Know-how und die Innovationskraft, kurzum, die **Differenzierungsvorteile** und damit das **Akquisitionspotenzial** des Unternehmens.

Bereits Wroe Alderson, einer der herausragenden Marketing-Theoretiker des 20. Jahrhunderts, nimmt in seinem umfassenden Entwurf zu einer generellen Marketing-Theorie die zentrale Idee der erst Jahrzehnte später voll entfachten Diskussion um die Erzielung von Wettbewerbsvorteilen vorweg:

„Der Ansatz der Differenzierungsvorteile, ..., geht davon aus, dass kein Unternehmen in einen Markt eintritt, wenn es nicht die Erwartung hat, einen gewissen Vorteil für seine Kunden bieten zu können und dass Wettbewerb in dem dauernden Bemühen um die Entwicklung, Erhaltung und Vergrößerung solcher Vorteile besteht.“ [Alderson 1957, S. 106 zit. nach Kuß 2013, S. 233].

1.2.1   Wettbewerbsvorteil als zentrales Element

Der Differenzierungsvorteil ist der Vorteil, den das Unternehmen gegenüber den Wettbewerbern hat. Dieser **Wettbewerbsvorteil** (an sich) ist aber letztlich ohne Bedeutung. Entscheidend ist vielmehr, dass der Wettbewerbsvorteil auch von den Kunden wahrgenommen und honoriert wird. Erst die Akzeptanz im Markt sichert den nachhaltigen Gewinn. Genau diese Lücke zwischen dem Wettbewerbsvorteil *an sich* und dem vom Markt *honorierten* Wettbewerbsvorteil gilt es zu schließen. Damit sind gleichzeitig auch die beiden Pole aufgezeigt, zwischen denen die Marketing-Wertschöpfungskette einzuordnen ist. Eine Optimierung des Marketingprozesses führt somit zwangsläufig zur Schließung der Lücke [vgl. Lippold 2010, S. 3 f.].

Voraussetzung für die angestrebte Optimierung ist, dass der Marketingprozess in seine Aktionsfelder *Segmentierung, Positionierung, Kommunikation, Distribution, Akquisition* und *Betreuung* zerlegt wird und diese jeweils einem zu optimierendem **Kundenkriterium** *(„Variable“)* zugeordnet werden:

- *Segmentierung* zur Optimierung des *Kundennutzens*
- *Positionierung* zur Optimierung des *Kundenvorteils*
- *Kommunikation* zur Optimierung der *Kundenwahrnehmung*
- *Vertrieb bzw. Distribution* zur Optimierung der *Kundennähe*
- *Akquisition* zur Optimierung der *Kundenakzeptanz*
- *Betreuung* zur Optimierung der *Kundenzufriedenheit*

Entsprechend lässt sich folgende Gleichung im Sinne einer Identitätsbeziehung ableiten:

Wettbewerbsvorteil (an sich) + Kundennutzen + Kundenvorteil + Kunden-wahrnehmung + Kundennähe + Kundenakzeptanz + Kundenzufriedenheit = Vom Markt honorierter Wettbewerbsvorteil

Die Marketing-Gleichung beschreibt eine Zielfunktion für den Vermarktungsprozess, den es im Hinblick auf die an einzelne Kundenkriterien („Variable") ausgerichteten Marketing-Aktionsfelder zu optimieren gilt. Dabei geht es nicht um eine mathematisch-deterministische Auslegung des Begriffs „Gleichung". Angestrebt wird vielmehr der Gedanke eines herzustellenden *Gleichgewichts* (und *Identität*) zwischen dem Wettbewerbsvorteil *an sich* und dem vom Kunden *honorierten* Wettbewerbsvorteil. Mit anderen Worten, hinter dieser Begriffsbildung steht die These, dass das Gleichgewicht durch die Addition der einzelnen, an Kundenkriterien ausgerichteten Aktionsfelder erreicht werden kann [vgl. Lippold 1998, S. 9 f.].

Zur Veranschaulichung dieser Gleichgewichtsbeziehung dient die in Abbildung 1-04 vorgenommene Darstellung in Form einer Waage.

Abb. 1-04: Marketing-Waage

Dabei wird von folgender Überlegung ausgegangen: Die Entwicklungsabteilung erstellt ein Produkt, von dem sie überzeugt ist, dass es über fachliche und/oder technische Wettbewerbsvorteile verfügt (sonst hätte sie es ja nicht entwickelt!). Entscheidend ist aber, dass dieser Wettbewerbsvorteil auch vom Markt wahrgenommen und honoriert wird. Erst die Akzeptanz im Markt bzw. bei den Kunden sichert den nachhaltigen Gewinn.

Abbildung 1-05 veranschaulicht den ganzheitlichen Ansatz der Marketing-Gleichung, in dem sie die Prozessphasen in einen zeitlichen und inhaltlichen Wirkungszusammenhang stellt [vgl. Lippold 2018b].

Abb. 1-05: Marketing-Prozessphasen

1.2.2   Organisatorische Implikationen

Mit der Marketing-Gleichung liegt ein praxisorientierter Ansatz vor, der auf eine (mehr theoretische) Trennung von Strategie und Mix verzichtet, gleichwohl aber ein Vorgehensmodell und einen Handlungsrahmen für die zielgerichtete Maßnahmenplanung und den entsprechenden Mitteleinsatz darstellt. Auf dem Fundament der Marketing-Gleichung werden für jede Prozessphase die entscheidenden Aktionsparameter und Werttreiber sichtbar gemacht. Gleichzeitig zeigt die Marketing-Gleichung sehr deutlich, welche Wertschöpfungsphasen aus organisatorischer Sicht dem Marketingmanagement und welche dem Vertriebsmanagement zugerechnet werden (siehe Abbildung 1-06).

Danach sind die Phasen *Segmentierung* und *Positionierung* organisatorisch dem strategischen Marketing und die Phase *Kommunikation* dem operativen Marketing zuzuordnen. Die Phasen *Vertrieb*, *Akquisition* und *Betreuung* sind dagegen Domänen des Vertriebsmanagements.

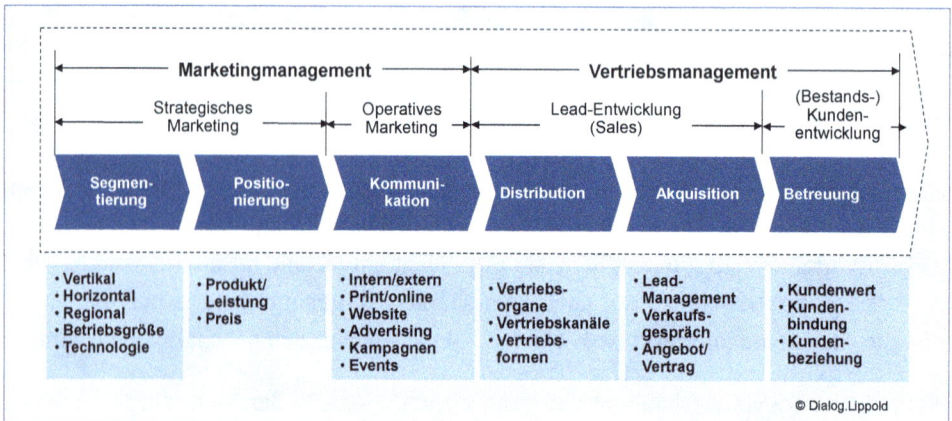

Abb. 1-06: Systematik der Marketing-Gleichung

Die Durchführung der Akquisition, also des persönlichen Verkaufs, obliegt in funktionaler Hinsicht der Verantwortung der Verkaufsorganisation. Hier kommt die in der Praxis übliche organisatorische Trennung zwischen Marketing und Vertrieb zum Ausdruck – und zwar sowohl im B2C- als auch im B2B-Marketing.

So wird das **Marketing von Konsumgütern** vom Produkt- oder Brandmanagement unter Federführung der Marketingleitung wahrgenommen. Die sehr personal- und kostenintensive Verkaufsorganisation, deren Kern sich aus Reisenden und Handelsvertretern des Außendiensts zusammensetzt, ist dagegen dem Vertriebsleiter unterstellt. Um das Kundenpotential bei Großkunden (z. B. Warenhäuser oder Ketten) optimal ausschöpfen zu können (Achtung: B2B-Anteil der Konsumgüterhersteller), sind Key Account Manager in Verbindung mit Category Managern ebenfalls der Vertriebsleitung zugeordnet [vgl. Runia et al. 2011, S. 286].

Im **B2B-Marketing** hängt – mehr noch als im B2C-Bereich – die konkrete Ausgestaltung von Marketing und Sales von der Größe des Unternehmens, der Beratungs- und Erklärungsbedürftigkeit der Produkte und Dienstleistungen und der individuellen Kundenstruktur ab. Während die strategischen Marketingfragen zumeist in der Geschäftsführung (teilweise mit externer Unterstützung von Beratern oder des Marketings) behandelt werden, liegen die operativen Marketingaufgaben mit dem Kampagnen- und Event-Management vollständig in der Verantwortung der Marketingleitung. Das Lead- und Kundenmanagement ist – mit Unterstützung der Key-Account-Manager – wiederum der Vertriebsleitung zugeordnet.

1.3 Neue Perspektiven für B2B-Marketing und -Vertrieb

Da heutzutage immer mehr marktstrategische Themen am eigentlichen Marketingmanagement vorbeigehen und stattdessen von speziell eingerichteten Stabsabteilungen, Strategieberatern, Inhouse Consultants, Task Forces oder gar von der Geschäftsführung selber verfolgt werden, bietet die **Marketing-Gleichung** eine neue, frische Perspektive für das Marketing als Erfolgsfaktor auch im B2B-Sektor.

1.3.1 Marketing-Gleichung als prozessualer Handlungsrahmen

Die Marketing-Gleichung hebt also nicht nur auf die Initialzündung bei der Auftragsvergabe ab, sondern sie betrachtet neben den strategischen Marketingaktivitäten – wie Segmentierung und Positionierung als Grundlage der Kommunikation mit dem Kunden – auch die vertrieblichen Aktivitäten, wie das erfolgreiche Akquisitionsgespräch und die Kundenbetreuung.

Die Anwendung der Marketing-Gleichung für B2B liefert dementsprechend:

- Aussagen über Kundennutzen und Kundenvorteil in den B2B-Zielsegmenten
- Aussagen über die zielgruppengerechte B2B-Segmentierung des Kundenmarktes
- Aussagen über die wirkungsvolle Positionierung in den ausgewählten B2B-Zielsegmenten
- Aussagen über den Einsatz der digitalen Kommunikationsinstrumente im B2B-Sektor
- Aussagen über Vertriebsstrukturen und Vertriebskanäle im B2B-Sektor
- Aussagen über die Effektivität und Effizienz von Akquisitionsprozessen im B2B-Geschäft
- Aussagen über einen nachhaltigen Betreuungsprozess der gewonnenen Kunden.

Die Idee der Marketing-Gleichung beruht auf zwei Grundüberlegungen: Zum einen ist es die Darstellung und Analyse der **Marketing-Wertschöpfungskette**, zum anderen ist es die Erkenntnis, dass der **Wettbewerbsvorteil** maßgebend für die Unternehmensexistenz ist.

Nahezu jeder Marketer ist in seinem Berufsleben mindestens einmal dazu aufgefordert worden, für sein Unternehmen ein Marketing-Konzept oder – etwas anspruchsvoller – eine Marketing-Strategie zu entwickeln. Solch ein „Entwurf" lässt sich deutlich leichter angehen, wenn man über einen vernünftigen Handlungsrahmen – also eine Gliederung – verfügt, der den geforderten Marketing-Prozess schrittweise aufführt, in seine wichtigsten Prozessphasen zerlegt und zugleich die Voraussetzung für eine Optimierung der angestrebten Marketing-Ziele schafft. Zentrales Ziel des Marketings muss es somit sein, die Vorteile des eigenen Unternehmens auf die Bedürfnisse vorhandener und potenzieller Kunden auszurichten. Die Bestimmungsfaktoren dieser Vorteile sind das Produkt- und Leistungsportfolio, die besonderen Fähigkeiten, das Know-how und die Innovationskraft, kurzum, die fachlichen oder technischen **Wettbewerbsvorteile** und damit das Akquisitionspotenzial des Unternehmens. Dieser Wettbewerbsvorteil (an sich) ist aber letztlich ohne Bedeutung. Entscheidend ist vielmehr, dass der Wettbewerbsvorteil auch von den Kunden wahrgenommen wird. Erst die Akzeptanz im Markt sichert den nachhaltigen Gewinn. Genau diese Lücke zwischen dem Wettbewerbsvorteil *an sich* und dem vom Markt *honorierten* Wettbewerbsvorteil gilt es zu schließen. Damit sind gleichzeitig auch die beiden Pole aufgezeigt, zwischen denen die Marketing-Wertschöpfungskette einzuordnen ist. Eine Optimierung des Marketingprozesses führt somit zwangsläufig zur Schließung dieser Lücke [vgl. Lippold 2010, S. 3 f.].

1.3.2   "B2B goes digital"

Eine Kernbranche des B2B-Marketings ist die **Fertigungsindustrie**. Eine aktuelle Befragung von über 800 Entscheidungsträgern aus diesem Wirtschaftszweig zeigt, dass 98 Prozent aller B2B-Hersteller einen Online-Vertriebskanal haben, implementieren oder planen, einen solchen zu implementieren. Das ist ein Anstieg von 14 Prozent gegenüber den Daten von 2018. Abbildung 1-07 zeigt die verschiedenen Kanäle, die von den Herstellern *zusätzlich* zum E-Commerce genutzt werden, um ihre Verkaufsstrategien zu unterstützen. Dabei wird deutlich, dass die meisten Hersteller die Digitalisierung fest im Blick haben, Perspektiven, Motivationen und Initiativen variieren aber von Branche zu Branche. So nutzen bereits 71 Prozent der Hersteller im Bau- und Industriesektor Online-Marktplätze. In der Automobilbranche sind EDI-Modelle (Electronic Data Interchange) nach wie vor sehr beliebt. 43 Prozent der Unternehmen in dieser Branche geben an, ein solches Modell zu verwenden. [vgl. Sapio Research 2020/21].

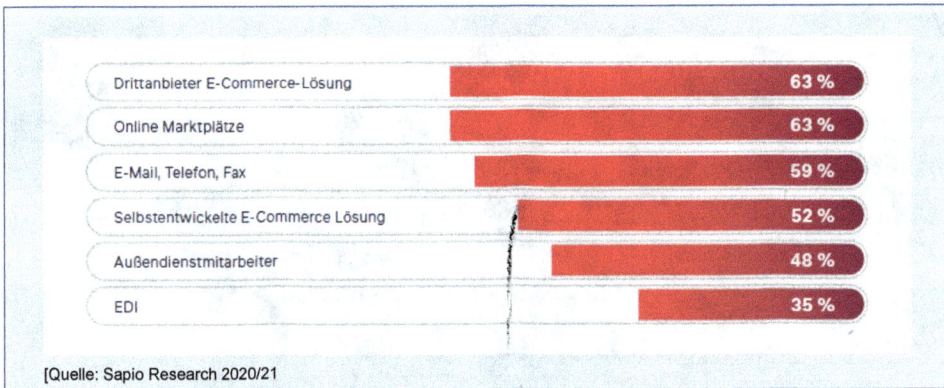

Drittanbieter E-Commerce-Lösung	63 %
Online Marktplätze	63 %
E-Mail, Telefon, Fax	59 %
Selbstentwickelte E-Commerce Lösung	52 %
Außendienstmitarbeiter	48 %
EDI	35 %

[Quelle: Sapio Research 2020/21

Abb. 1-07: Eingesetzte Vertriebskanäle in der Fertigungsindustrie

Wachsender Gesamtumsatz und verbesserte Unternehmenseffizienz sind die wichtigsten Ergebnisse von Investitionen in digitale Strategien. Neben den Umsatz- und Effizienzvorteilen haben die in Abbildung 1-08 aufgeführten Faktoren die Hersteller dazu veranlasst, in ganz neue **Marktstrategien** zu investieren.

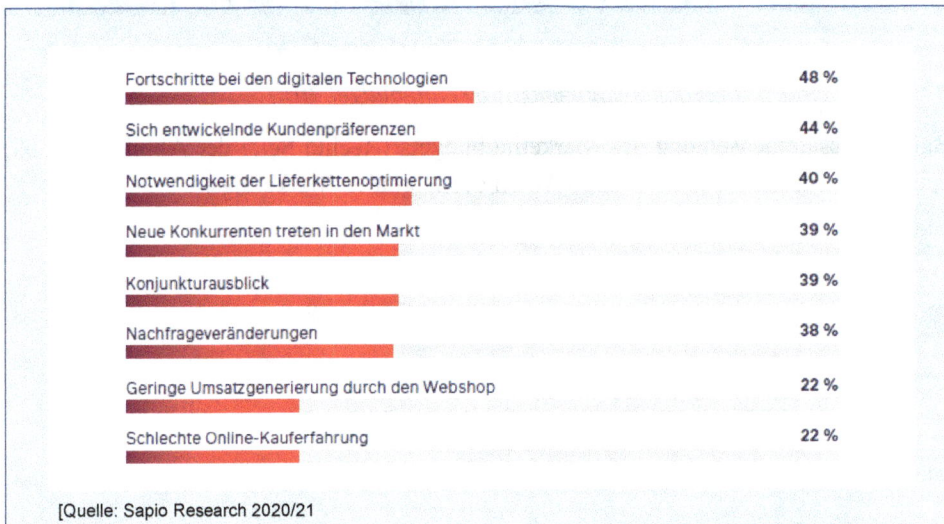

Fortschritte bei den digitalen Technologien	48 %
Sich entwickelnde Kundenpräferenzen	44 %
Notwendigkeit der Lieferkettenoptimierung	40 %
Neue Konkurrenten treten in den Markt	39 %
Konjunkturausblick	39 %
Nachfrageveränderungen	38 %
Geringe Umsatzgenerierung durch den Webshop	22 %
Schlechte Online-Kauferfahrung	22 %

[Quelle: Sapio Research 2020/21]

Abb. 1-08: Treibende Faktoren für Investitionen in digitale Strategien

Die Top Ten der wichtigsten **operativen Marketingmaßnahmen** werden nach einer Untersuchung der Vogel Communications 2019 von der Suchmaschinenoptimierung (SEO) und der Leadgenerierung angeführt. Wie die linke Seite der Abbildung 1-09 zeigt, nutzt der B2B-Marketer ein breites Spektrum an Marketingmaßnahmen. Klassische Themen wie Life-Kommunikation auf Messen und die Positionierung auf in Fachmedien spielen dabei ebenso eine Rolle wie die Verbesserung des E-Mail-Marketings und die Schärfung des Firmenporofils in Sozialen Netzwerken [vgl. Vogel Communications 2019].

Abb. 1-09: Marketingmaßnahmen und Marketingbudget 2019

Bei der Zusammensetzung des Marketingbudgets (Rechte Seite der Abbildung 1-09) zeigt sich deutlich der zunehmende Anteil des Digitalen Marketings.

2. Segmentierung – Optimierung des Kundennutzens

Jeder B2B-Sektor besteht aus einer Vielzahl von Kundenunternehmen, die sich in ihren Zielsetzungen, Anforderungen und Wünschen zum Teil deutlich unterscheiden. Unterteilt man die Menge der potenziellen Kunden derart, dass sie in mindestens einem relevanten Merkmal übereinstimmen, so erhält man Kundengruppen, die als Teilmärkte bzw. Segmente bezeichnet werden. Eine solche Segmentierung ist immer dann anzustreben, wenn die Marktsegmente einzeln effektiver und effizienter bedient werden können als der Gesamtmarkt [vgl. Kotler et al. 2007, S. 357].

Im Rahmen des B2B-Vermarktungsprozesses ist die Segmentierung, d. h. die Auswahl attraktiver Marktsegmente für die Geschäftsfeldplanung der Unternehmen, das *erste* wichtige *Aktionsfeld* bzw. die erste Phase der Marketing-Wertschöpfungskette (siehe Abbildung 2-01).

Abb. 2-01: Segmentierung als erstes Aktionsfeld der Marketing-Wertschöpfungskette

2.1 Zweistufige Segmentierungspraxis

Der jeweilige B2B-Bereich wird in Teilmärkte (Segmente) derart aufgeteilt, dass die einzelnen Segmente Unternehmen und Organisationen enthalten, die ähnliche Eigenschaften aufweisen und nach gleichen Gesichtspunkten einkaufen. Die Marktsegmentierung muss sicherstellen, dass Leistungen, Preise, Vertriebswege und Kommunikationsmaßnahmen zu den spezifischen Anforderungen der identifizierten Kundengruppen passen. Damit wird deutlich, welche bedeutende Rolle die Segmentierung des Zielmarktes auch im B2B-Marketing einnimmt. Von besonderer Bedeutung ist dabei das Verständnis für eine **kundenorientierte Durchführung** der Segmentierung, denn der Vermarktungsprozess sollte grundsätzlich aus Sicht der Kunden beginnen. Daher steht die *Kundenanalyse*, die sich mit den Zielen, Problemen und Nutzenvorstellungen der potenziellen Kunden befasst, im Vordergrund der Segmentierung. Die hiermit angesprochene Rasterung der Kundengruppen erhöht die Transparenz des Marktes, lässt Marketing-Chancen erkennen und bietet die Möglichkeit, Produkt- und Leistungsmerkmale

https://doi.org/10.1515/9783110756807-002

feiner zu differenzieren. Für das Anwendungsfeld des B2B-Marketings bietet es sich an, die Segmentierung – wie in Abbildung 2-02 dargestellt – in zwei Stufen vorzunehmen [vgl. auch Lippold 2018a, S. 216 ff.]:

- Stufe: **Makrosegmentierung** zur Abgrenzung von Kundengruppen mit homogener Problemlandschaft und Nutzenvorstellung und

- Stufe: **Mikrosegmentierung** zur Auswahl und Ansteuerung der an der Kaufentscheidung beteiligten Personen *innerhalb* der ausgewählten Kundengruppe.

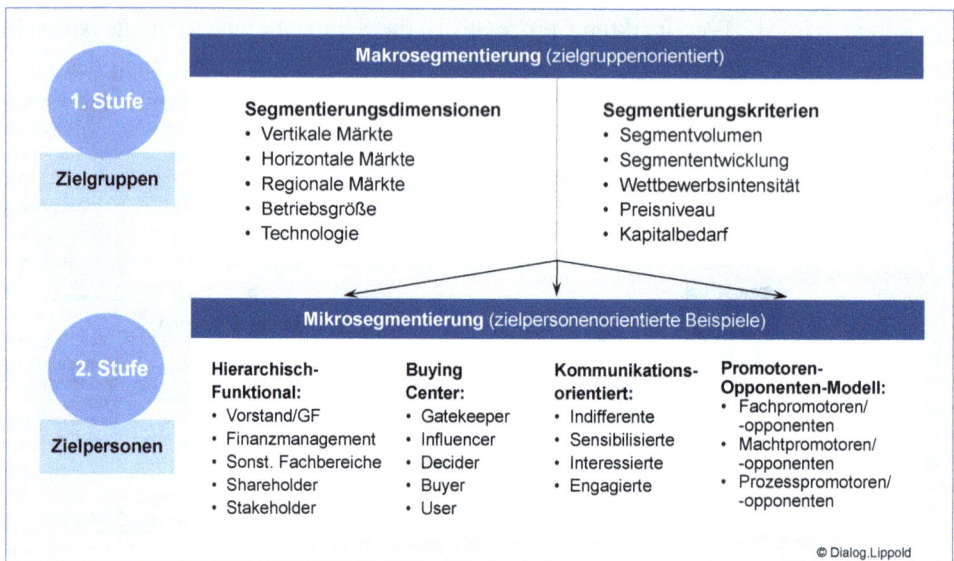

Abb. 2-02: Stufenweise Segmentierung

2.2 Makrosegmentierung

Die (strategisch ausgelegte) Makrosegmentierung konzentriert sich problembezogen auf eine effiziente Aufteilung des Gesamtmarktes in möglichst homogene Teilmärkte. Dabei wird eine Beschreibung und Abgrenzung der Kundengruppen mit Hilfe organisationsbezogener Kriterien vorgenommen, die in etwa den „demografischen" Kriterien im B2C-Bereich entsprechen [vgl. Lippold 1998, S. 111]:

- Vertikale Märkte (Branchen)
- Horizontale Märkte (Funktionen)
- Räumliche Märkte (Regionen)
- Betriebsgröße (Umsatz, Anzahl der Beschäftigten, Bilanzsumme)
- Technologie (Hardware, Vernetzung, Datenbanksystem, Anwendungssysteme)

2.2.1   Vertikale Segmentierung

Aus Sicht vieler B2B-Unternehmen ist die vertikale Segmentierung, d. h. die Aufteilung des Marktes nach **Branchen** maßgebend. Neben der generellen Branchenzugehörigkeit (Industrie, Handel, Banken, Versicherungen, Transport, Verkehr, sonstige Dienstleistungen und Öffentlicher Bereich) ist vor allem die Differenzierung *innerhalb* dieser Wirtschaftsbereiche besonders aussagekräftig. Im industriellen Bereich beispielsweise kann weiter unterschieden werden nach *Wirtschaftsabteilungen* wie chemische Industrie, Maschinen- und Anlagenbau, Elektroindustrie etc. oder nach *Fertigungsarten* wie Auftrags- und Einzelfertiger, Serienfertiger, Massenfertiger und Prozessfertiger. Häufig bietet erst eine solch umfassende Differenzierung (z. B. anhand eines **Segmentierungsbaumes** wie in Abbildung 2-03 dargestellt) Anhaltspunkte dafür, welche primären Zielgruppen ausgewählt, oder welche Organisationsgruppen als weniger relevant ausgeschlossen werden sollen [vgl. Lippold 1993, S. 226].

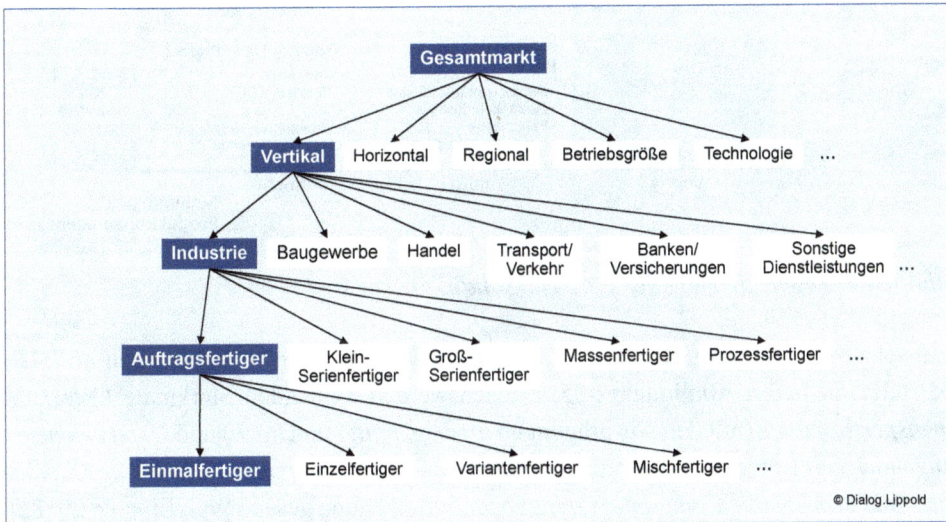

Abb. 2-03: Segmentierungsbaum

Eine besonders aussagekräftige **Segmentierung der Fertigungsindustrie** hat die Unternehmensberatung UBM (heute: Oliver Wyman) für ihre Kunden entwickelt. Dabei werden die beiden Merkmale *Stabilität des Produktionsprozesses* und *Komplexität des zu fertigenden Produktes* zueinander in Beziehung gesetzt.

Die **Stabilität des Produktionsprozesses** korreliert sehr stark mit der Anzahl der produzierten Erzeugnisse und wird mit den Ausprägungen *niedrig*, *mittel* und *hoch* auf der Abszisse abgetragen. Auf der Ordinate werden die verschiedenen **Komplexitätsstufen des Produktes** dargestellt.

Je komplexer das zu fertigende Produkt ist, desto höher sind auch die Anforderungen an die *Stücklistenorganisation*. Auf diese Weise lassen sich dann Industriesegmente wie

Einmal-, Einzel-, Varianten-, Massen-, Wiederhol- oder Prozessfertiger voneinander abgrenzen (siehe Abbildung 2-04).

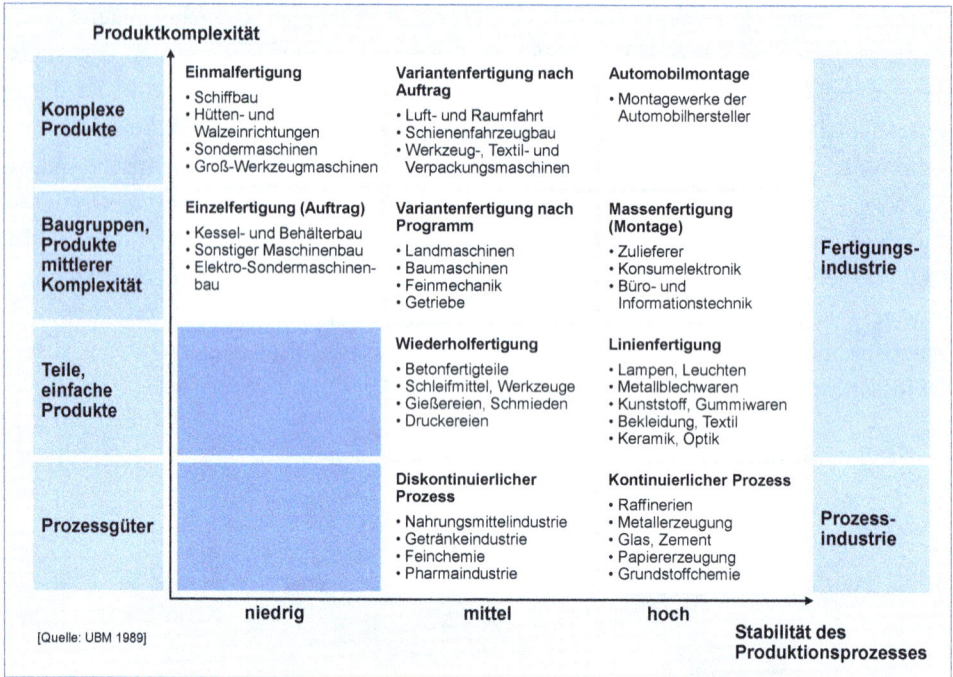

Produktkomplexität	Einmalfertigung	Variantenfertigung nach Auftrag	Automobilmontage
Komplexe Produkte	Einmalfertigung • Schiffbau • Hütten- und Walzeinrichtungen • Sondermaschinen • Groß-Werkzeugmaschinen	Variantenfertigung nach Auftrag • Luft- und Raumfahrt • Schienenfahrzeugbau • Werkzeug-, Textil- und Verpackungsmaschinen	Automobilmontage • Montagewerke der Automobilhersteller
Baugruppen, Produkte mittlerer Komplexität	Einzelfertigung (Auftrag) • Kessel- und Behälterbau • Sonstiger Maschinenbau • Elektro-Sondermaschinenbau	Variantenfertigung nach Programm • Landmaschinen • Baumaschinen • Feinmechanik • Getriebe	Massenfertigung (Montage) • Zulieferer • Konsumelektronik • Büro- und Informationstechnik
Teile, einfache Produkte		Wiederholfertigung • Betonfertigteile • Schleifmittel, Werkzeuge • Gießereien, Schmieden • Druckereien	Linienfertigung • Lampen, Leuchten • Metallblechwaren • Kunststoff, Gummiwaren • Bekleidung, Textil • Keramik, Optik
Prozessgüter		Diskontinuierlicher Prozess • Nahrungsmittelindustrie • Getränkeindustrie • Feinchemie • Pharmaindustrie	Kontinuierlicher Prozess • Raffinerien • Metallerzeugung • Glas, Zement • Papiererzeugung • Grundstoffchemie

Fertigungsindustrie / Prozessindustrie

niedrig — mittel — hoch → Stabilität des Produktionsprozesses

[Quelle: UBM 1989]

Abb. 2-04: Segmentierung der Fertigungsindustrie

Ein sehr wirkungsvolles Beispiel für die Bestimmung relevanter Zielgruppen im **B2B-Mittelstand** liefert Abbildung 2-05. Danach werden die beiden Merkmale *Unternehmensperformance* (mit den Ausprägungen *niedrig, mittel* und *hoch*) und *Unternehmenszugehörigkeit* (mit den Ausprägungen *Entrepreneurial Companies, Corporate Companies* und *Semi-public Companies*) zueinander in Beziehung gesetzt [vgl. Lippold 2018c].

Die so identifizierten Marktsegmente reichen von „erfolgreichen" und „innovativen" Unternehmen, über „Start-ups" bis hin zu „Sanierungsfällen" und „Insolvenzen". Auf diese Weise lässt sich für B2B-Anbieter im Mittelstand der spezifische Bedarf für die einzelnen Marktsegmente ableiten [vgl. Lippold 2010, S. 7].

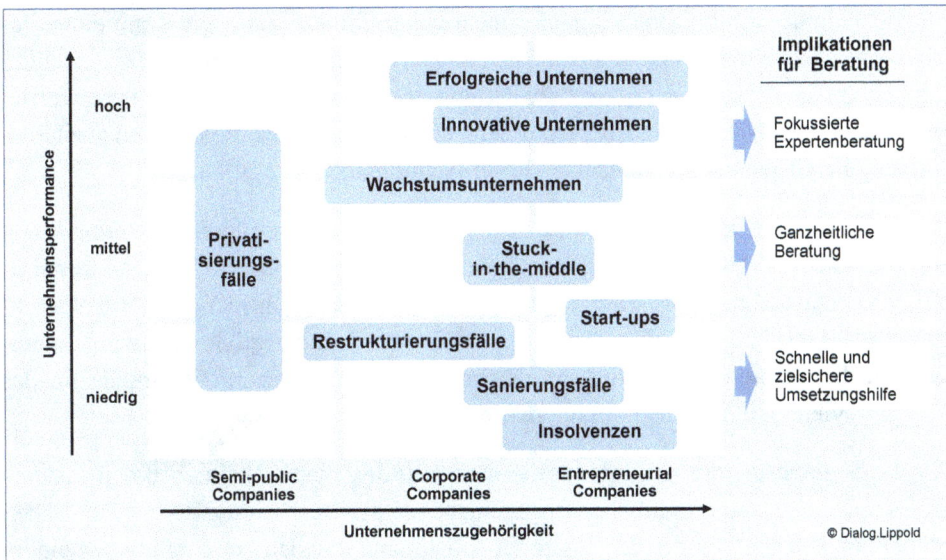

Abb. 2-05: Segmentierung des Mittelstands

2.2.2 Horizontale Segmentierung

Die horizontale Segmentierung kann dann für das B2B-Marketing von Interesse sein, wenn die angebotenen Produkte und Dienstleistungen eine besondere Kaufrelevanz für bestimmte betriebliche Funktionsbereiche haben (z. B. Verpackungsmaterialien für Materialwirtschaft/Logistik, Call Center-Angebot für Marketing/Vertrieb, Performance-Managementsystem für die Personalentwicklung).

Zu den relevanten **Funktionsbereichen**, deren Leiter zumeist auch die wesentlichen Entscheidungsträger beim Beschaffungsprozess sind, zählen

- Materialwirtschaft/Logistik,
- Produktionsplanung und -steuerung,
- Personalwirtschaft,
- Finanzwirtschaft,
- Informationstechnik/Informationssysteme,
- Kostenrechnung/Controlling und
- Marketing/Vertrieb.

2.2.3 Regionale Segmentierung

Bei der räumlichen Marktaufteilung geht es darum, ob und inwieweit die Käufergruppen regional begrenzt, überregional und/oder in verschiedenen Auslandsmärkten aktiv bearbeitet werden sollen. Bei jüngeren Unternehmen mit Wachstumsambitionen verläuft die

Entwicklung des Absatzgebietes häufig recht unkontrolliert. Sie beginnt mit einem lokalen Absatzgebiet, dem eine regionale und teilweise auch internationale Markterschließung folgt. Häufig stagniert diese Entwicklung, wenn das Unternehmen auf konkurrierende Wettbewerbszonen anderer Unternehmen stößt und keine Ressourcen zur Überwindung bereitstehen oder geplant sind [vgl. Schildhauer 1992, S. 68].

Um eine hohe Stückzahl absetzen zu können, verlangt die erfolgreiche Vermarktung von Produkten oder Produktkomponenten sehr häufig eine breite, möglichst **internationale Vermarktungsbasis**. Hier zeigt sich allerdings eine Schwäche vieler Unternehmen. Der Mangel an kritischer Masse (im Sinne einer Mindestgröße für Internationalität) und die unzureichende Wachstumsfinanzierung sind wesentliche Gründe für das Scheitern vieler Unternehmen im internationalen Wettbewerb.

Für die **Segmentierung der internationalen Kunden** bieten sich neben den Ländergrenzen auch deren vertriebliches Engagement bei der Bearbeitung der ausländischen Märkte an. Intensitätsstufen der Internationalisierung, die sich am Umfang des eingesetzten Kapitals und der Managementleistung im Gastland bemessen lässt, können sein [vgl. Lippold 2015, S. 338 unter Bezugnahme auf Becker 2019, S. 324 ff.]:

- Export,
- Lizenzvergabe,
- Franchising,
- Joint Venture
- Auslandsniederlassung sowie
- Tochtergesellschaft im Ausland.

Als „strategische Urzelle" des übernationalen Marketings ist prinzipiell der **Export** anzusehen. Hierbei werden die Kapital- und Managementleistungen vollständig im In- oder Stammland erbracht.

Als zweite Stufe ist die Vergabe von **Lizenzen** anzusehen. Dabei werden befristete Patente oder eingetragene Warenzeichen ausländischen Unternehmen entgeltlich zur Nutzung überlassen, ohne allerdings großen Einfluss auf das Vermarktungskonzept zu haben.

Beim **Franchising** nutzt der ausländische Franchise-Nehmer ein klar umrissenes, vertraglich festgelegtes Marketing- und Vertriebskonzept. Diese Stufe eignet sich besonders gut, um international weitgehend standardisierte Konzepte durchzusetzen.

Das **Joint Venture** ist ein Gemeinschaftsunternehmen zwischen dem Stammhaus und einem oder mehreren ausländischen Partnern. Die Gründung eines solchen Gemeinschaftsunternehmens, dessen Standort im Land des jeweiligen Partners liegt, wird vor allem dann vorgenommen, wenn das eigene Know-how für den Aufbau eigener Tochtergesellschaften bzw. Produktionsbetriebe fehlt.

Beim stärkeren Ausbau des Auslandgeschäfts werden eigene **Auslandsniederlassungen** eingerichtet, die zumeist als Vertriebsniederlassungen konzipiert sind. Solchen Niederlassungen folgt häufig der Aufbau eigener **Produktionsbetriebe und Tochtergesellschaften**, die eine systematische Bearbeitung der Auslandsmärkte ermöglichen (siehe Abbildung 2-06).

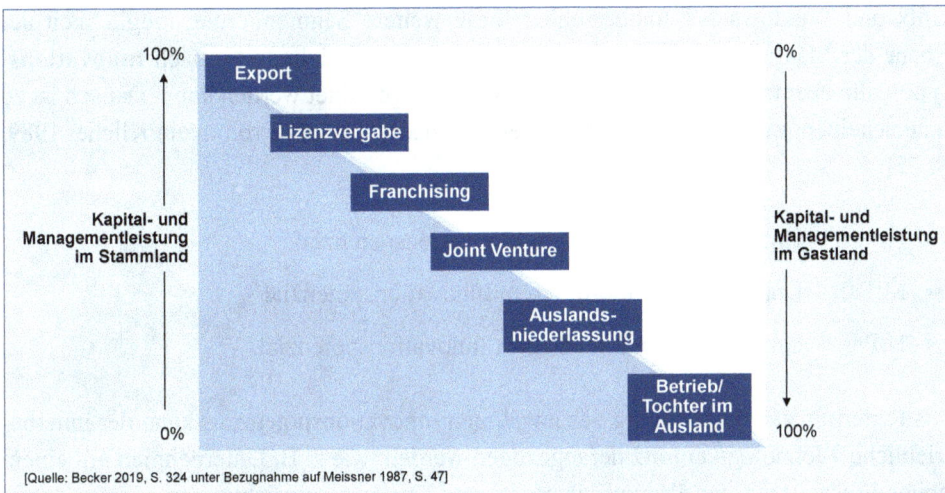

[Quelle: Becker 2019, S. 324 unter Bezugnahme auf Meissner 1987, S. 47]

Abb. 2-06: Realisierungsstufen im internationalen Marketing

2.2.4 Segmentierung nach der Betriebsgröße

Eine weitere Segmentierung kann nach der Größe der Kundenunternehmen vorgenommen werden. Hierfür bietet sich eine Klassifizierung nach der *Beschäftigtenzahl*, nach der *Umsatzgröße* oder – vornehmlich bei Banken und Versicherungen – nach der *Bilanzsumme* an. Die Betriebsgröße ist immer dann von besonderer Bedeutung, wenn es sich um den Verkauf von Produkten mit sehr hohen (und teuren) Dienstleistungsanteilen handelt. So sind kleinere und mittelgroße Organisation tendenziell weniger bereit, solche komplexen Lösungen einzusetzen. Hier werden eher standardisierte Produkte und Leistungen akzeptiert.

Ein Beispiel dafür ist der jahrelange Versuch der SAP, ihr ERP-Softwaresystem R/3, das nahezu in jedem deutschen Großunternehmen eingesetzt ist, auch im Mittelstand zu positionieren. Während größere Unternehmen durchaus bereit und in der Lage sind, die Einführungs- und Beratungskosten im Umfeld des Softwaresystems zu bezahlen, sind mittelständische Unternehmen weniger geneigt, diese Zusatzkosten zu tragen.

2.2.5   Segmentierung nach technologischen Gesichtspunkten

Für viele Unternehmen – insbesondere aus dem High-Tech-Bereich – ist die system-technische Infrastruktur der Kundenunternehmen ein wichtiges Segmentierungsmerk-mal. Differenzierungen können hier insbesondere nach Technologiekomponenten wie Hardware, Betriebssystem oder Datenbanksystem vorgenommen werden. Allerdings verlieren solche technologischen Merkmale zunehmend an Bedeutung, weil Unterneh-men immer mehr auf technologische Standards, Industriestandards oder Quasistandards setzen. So ist beispielsweise im Betriebssystembereich die verstärkte Verbreitung von Unix und Windows NT unübersehbar. Eine weitere Segmentierungsmöglichkeit auf Ebene der Makrosegmentierung ist die Aufteilung des Zielmarktes nach **Innovations-typen**, die ebenfalls dem Technologiekriterium zugeordnet werden kann. Danach ist zu unterscheiden zwischen folgenden drei Segmenten [vgl. Strothmann/Kliche 1989, S. 75]:

- HIPs: Unternehmen mit hohem Innovationspotenzial

- MIPs: Unternehmen mit mittlerem Innovationspotenzial

- NIPs: Unternehmen mit niedrigem Innovationspotenzial.

Als Kriterium zur Bestimmung des jeweiligen Innovationspotenzials kann der innerbe-triebliche Technologieeinsatz herangezogen werden, wie z. B. Unternehmen mit einem hohen Einsatzstand von Kommunikations- und Fertigungseinrichtungen.

Wichtig bei der Durchführung der Segmentierung ist, dass sich die Unternehmen nicht nur in ein oder zwei Kriterien (Dimensionen) festlegen. Erst eine **mehrdimensionale Marktausrichtung**, die bspw. eine Konzentration auf wenige Branchen und Funktio-nen, bestimmte Betriebsgrößen in einem räumlich definierten Marktgebiet vorsieht, kann der Gefahr einer möglichen Verzettelung der knappen Entwicklungs- und Marke-tingkapazitäten begegnen. Umgekehrt kann die mehrdimensionale Segmentierung aber auch dazu führen, dass das Potenzial eines aus der Schnittmenge mehrerer Merkmale gewonnenen Marktsegments für eine intensive Bearbeitung nicht ausreicht [vgl. Lippold 1993, S. 227].

In Abbildung 2-07 sind beispielhaft vier Segmentierungsdimensionen dargestellt.

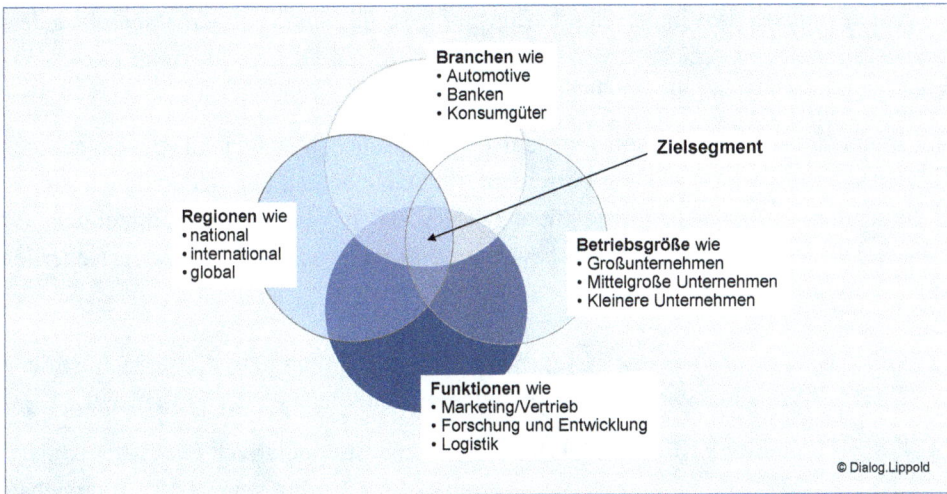

Abb. 2-07: Mehrdimensionale Segmentierung im B2B-Bereich

2.3 Mikrosegmentierung

Der Segmentierung auf Mikroebene (Unternehmensebene) liegt eine andere logische Dimension zugrunde als der Makrosegmentierung. Während in der Makrosegmentierung die strategisch bedeutsame Auswahl des zu bearbeitenden Marktausschnitts (Zielgruppe) getroffen wird, legt die Mikrosegmentierung fest, welche *Zielpersonen* innerhalb der zuvor definierten *Zielgruppe* angesprochen werden sollen. Als Kriterien zur Abgrenzung der Mikrosegmente können Merkmale der an der Kaufentscheidung beteiligten Personen, wie Stellung in der Hierarchie, Zugehörigkeit zu bestimmten Funktionsbereichen oder persönliche Charakteristika, herangezogen werden. Für das B2B-Marketing ist diese *Multipersonalität* von besonderer Bedeutung.

Vier Zielpersonenkonzepte bieten sich besonders an [vgl. Lippold 1998, S. 130 ff.]:

- Hierarchisch-funktionales Zielpersonenkonzept
- Buying Center
- Kommunikationsorientiertes Zielpersonenkonzept
- Promotoren-Opponenten-Modell.

2.3.1 Hierarchisch-funktionales Zielpersonenkonzept

Als eine sehr pragmatische Abgrenzung von Personen, die bei der Auswahl insbesondere von IT-orientierten Dienstleistungen (z. B. ERP-Einführungsberatung, SOA, SaaS) beteiligt sind, hat sich das **hierarchisch-funktionale Zielpersonenkonzept** erwiesen.

Es geht davon aus, dass in den Beschaffungsprozess des Kundenunternehmens mindestens drei Funktionsbereiche involviert sein können: die Geschäftsleitung, das IS-/IT-Management (CIO) und die Fachabteilung.

In diesem Zusammenhang soll kurz auf die englischen Management-Bezeichnungen eingegangen werden. Vor allem börsennotierte Start-ups und international operierende Unternehmen werben zunehmend mit angelsächsischen Jobtiteln – stets mit einem „C" für Chief als Kürzel – um Führungs- bzw. Führungsnachwuchskräfte. Hier der sicherlich nicht vollständige CXO-Katalog:

- **Chief Executive Officer (CEO).** Bei Großunternehmen bzw. Konzernen ist der CEO der Vorstandsvorsitzende, bei kleineren Unternehmen der Firmenchef.

- **Chief Operating Officer (COO).** Als Vorstand des operativen Geschäfts ist der COO für alle Betriebsabläufe und operative Entscheidungen des Unternehmens zuständig.

- **Chief Financial Officer (CFO).** Als Finanzvorstand einer Aktiengesellschaft bzw. als kaufmännischer Geschäftsführer einer GmbH obliegen dem CFO die Verwaltung der Geldmittel, das Controlling und die Finanzplanung des Unternehmens.

- **Chief Digital Officer (CDO).** Der CDO ist eine relativ neu geschaffene Führungsposition, die mit zunehmender Digitalisierung zunehmend an Bedeutung gewinnt. Als Mitglied des Top Managements (C-Level) ist der Chief Digital Officer für die Planung und Steuerung der digitalen Transformation in einem Unternehmen verantwortlich.

- **Chief Human Resources Officer (CHRO).** Er ist der Personalchef eines Unternehmens bzw. der Personalvorstand einer börsennotierten Gesellschaft.

- **Chief Procurement Officer (CPO).** In deutschen Unternehmen entspricht die Funktion ungefähr dem Leiter Einkauf in einer GmbH oder dem Leiter Beschaffung/Einkauf in einer AG. In Unternehmen, in denen die Rohstoffbeschaffung oder der Einkauf eine strategische Rolle spielt, ist ein CPO oft selbst Vorstandsmitglied.

- **Chief Marketing Officer (CMO).** Der CMO ist der Hauptverantwortliche für das Marketing eines Unternehmens. Er ist in der Regel Mitglied des Vorstands oder der Geschäftsführung und zeichnet Verantwortung für die Strategieentwicklung und die Markenführung.

- **Chief Information Officer (CIO).** Als IT-Leiter (Leiter Informationstechnik) nimmt er in einem Unternehmen die Aufgaben der strategischen und operativen Führung der Informationstechnik (IT) wahr. Somit ist der CIO unternehmensweit auch der erste Ansprechpartner für die digitale Transformation.

- **Chief Knowledge Officer (CKO).** Dieser Chief nimmt die Rolle des Wissensmanagers wahr. Insbesondere in Unternehmen, deren Kerngeschäft sich durch wissensbasierte Lösungen oder Dienstleistungen charakterisieren lässt, soll er eine Kultur des Wissensaustauschs etablieren und fördern.

- **Chief Content Officer (CCO).** Der CCO verantwortet die Inhalte der verschiedensten internetorientierten Marketing-Maßnahmen, zum Beispiel die Inhalte der Firmenweb-site oder die unternehmensbezogenen Social Media-Aktivitäten.

In Abbildung 2-08 sind die hierarchischen Beziehungen der einzelnen Chiefs dargestellt, wobei betont werden muss, dass die Über- bzw. Unterstellungen insbesondere von der Größe und dem Produktportfolio des Unternehmens abhängen.

Besonders interessant ist das „Zusammenspiel" zwischen dem CEO und dem COO. Während der CEO eher generelle und vor allem strategische Entscheidungen innerhalb und für das Unternehmen trifft, leitet der COO das operative Geschäft des Unternehmens.

Das bedeutet, dass er verantwortlich ist für die Qualität und die Wettbewerbsfähigkeit der Produkte beziehungsweise Dienstleistungen, die das Unternehmen am Markt anbietet. Dazu koordiniert er sämtliche operativen Teilbereiche des Unternehmens.

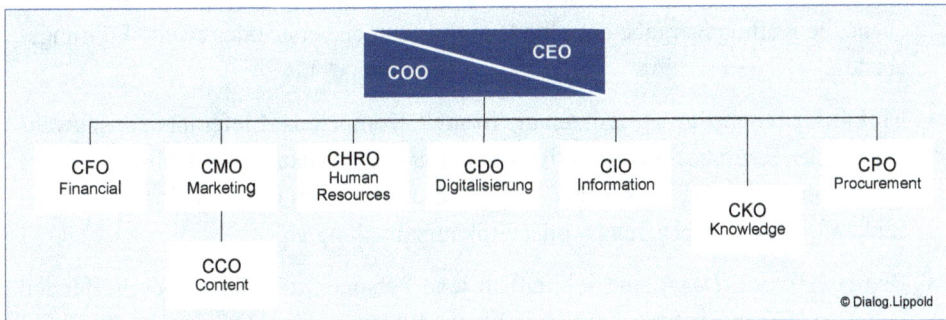

Abb. 2-08: Mögliche hierarchische Ausprägungen der einzelnen CXOs

2.3.2 Buying Center

Bei wichtigen Beschaffungsvorhaben des Kunden wirken auf dessen Seite zumeist mehrere Personen als Entscheider oder Entscheidungsbeteiligte mit. Ein solches Gremium wird als **Buying Center** bezeichnet. Es weist den Beteiligten verschiedene Rollen im Hinblick auf die Auswahlentscheidung zu [vgl. Webster/Wind 1972, S. 72 ff.]:

- **Initiatoren** (engl. *Initiator*) regen zum Kauf eines bestimmten Produktes an und lösen den Kaufentscheidungsprozess aus. Initiatoren müssen nicht zwingend die späteren Nutzer der Lösung sein, sondern können aus den verschiedensten betrieblichen Funktionsbereichen kommen. Initiatoren können IT-Manager oder -Mitarbeiter ebenso wie Anwendungsspezialisten, Vertriebs- oder Serviceleiter bzw. Mitarbeiter sein.

- **Informationsselektierer** (engl. *Gatekeeper*) strukturieren Informationen über das zu beschaffende Produkt vor, bringen diese in das Buying Center ein und steuern den organisationsinternen Informationsfluss. Diese Personengruppe ist häufig in den Fachbereichen, also denjenigen Bereichen, in denen das Produkt (die Lösung) zum Einsatz kommt, zu finden (z. B. Service-, Vertriebs-, Produktions- oder Marketingleiter).

- **Beeinflusser** (engl. *Influencer*) sind formal zwar *nicht* am Beschaffungsprozess beteiligt, verfügen aber als Spezialisten über besondere Informationen. Insbesondere über die Vorgabe gewisser Mindestanforderungen kann ihre (informelle) Teilnahme am Auswahlprozess mitentscheidend sein. Beeinflusser sind bspw. im Qualitätsmanagement oder in (Normen-)Ausschüssen zu finden.

- **Entscheider** (engl. *Decider*) sind jene Organisationsmitglieder, die aufgrund ihrer hierarchischen Position letztlich die Kaufentscheidung treffen. Das monetäre Volumen des Auftrags ist zumeist ausschlaggebend dafür, auf welcher Hierarchieebene die Auftragsvergabe entschieden wird (zumeist erste oder zweite Führungsebene).

- **Einkäufer** (engl. *Buyer*) besitzen die formale Kompetenz, Lieferanten auszuwählen und den Kaufabschluss zu tätigen. Sie führen die Einkaufsverhandlungen unter kaufmännischen und juristischen Aspekten. In größeren Organisationen gehören Einkäufer einer Beschaffungs- oder Einkaufsabteilung an.

- **Benutzer** (engl. *User*) sind schließlich jene Personen, die die zu beschaffenden Güter und Dienstleistungen einsetzen bzw. nutzen werden. Da ein Einsatz gegen den Widerstand der User nur sehr schwer durchsetzbar ist, haben diese Organisationsmitglieder eine Schlüsselstellung im Rahmen des Auswahl- und Entscheidungsprozesses.

Von besonderer Bedeutung für das B2B-Marketing ist es, die Mitglieder des Buying Center zu identifizieren und diese in ihrem Rollenverhalten zu analysieren.

Buying Center bilden sich informell und sind in der Regel nicht organisatorisch verankert. Daher sind Umfang und Struktur dieses Einkaufsgremiums auch nur sehr schwer zu erfassen. Es lässt sich aber die These vertreten, dass die Anzahl der jeweils Beteiligten am Buying Center im Wesentlichen von folgenden Faktoren abhängt [vgl. auch Menthe/Sieg 2013, S. 75]:

- Wert bzw. Größe und Komplexität des Beschaffungsobjektes
- Einfluss des zu beschaffenden Produkts bzw. der Problemlösung auf Prozesse und Organisation
- Informationsbedarf über das Investitionsobjekt
- Unternehmensgröße
- Art und Ausprägung des Einkaufsprozesses (zentral/dezentral organisierter Einkauf, Anzahl der benötigten Unterschriften)
- Unternehmenskultur bezüglich Innovationen und Entscheidungsfindung.

Auch kann nicht festgeschrieben werden, ob teilweise mehrere Rollen von einer Person und ob die einzelnen Rollen teilweise von mehreren Personen wahrgenommen werden. Empirische Untersuchungen haben aber gezeigt, dass die Funktion der einzelnen Rollen vom Grundsatz her bei jeder komplexen Beschaffungsmaßnahme ausgeübt wird [vgl. Lippold 1998, S. 135]

2.3.3 Kommunikationsorientiertes Zielgruppenkonzept

Im Vordergrund des kommunikationsorientierten Zielpersonenkonzepts steht eine **Typologisierung** der Zielpersonen (siehe Abbildung 2-09). Diese Typologisierung grenzt die Zielpersonen nach ihrer Stellung, ihrem Verhältnis und Kenntnisstand gegenüber dem anbietenden Unternehmen ab. Das Modell unterteilt die gesamte Zielgruppe in *Indifferente, Sensibilisierte, Interessierte* und *Engagierte* bezüglich ihrer Einstellung zum Angebot des Unternehmens [vgl. Lippold 2015, S. 229 ff.}.

	Interessenten			Kunden
Zielpersonen	**Indifferente**	**Sensibilisierte**	**Interessierte**	**Engagierte**
Ziel	Indifferente sensibilisieren	Sensibilisierte interessieren	Interessierte engagieren	Engagierte betreuen
Strategie	Idee signalisieren	Unternehmen signalisieren	Produkte/Leistungen signalisieren	Kaufentscheidung absichern
Ergebnis	Aufmerksamkeit	Vertrauen/ Glaubwürdigkeit	Kaufakt	Bestätigung

© Dialog.Lippold

Abb. 2-09: Elemente eines Kommunikationskonzepts

Den größten Teil der Zielpersonen bilden die **Indifferenten**. Sie stehen dem Unternehmen mit seinem Produkt- und Leistungsprogramm uninformiert und uninteressiert gegenüber. Kommunikationsziel muss es hier sein, die Indifferenten zu sensibilisieren.

Das heißt, diesen Zielpersonen muss beispielsweise die Idee, dass ein neues, innovatives Produkt oder eine neue Problemlösung (gegenüber einer konventionellen Lösung) Vorteile bietet, nahegebracht werden. Das Ergebnis ist *Aufmerksamkeit*.

Die zweite Gruppe der Zielpersonen ist bereits für die Idee sensibilisiert. Hier gilt es, das Interesse dieser **Sensibilisierten** auf das eigene Unternehmen zu lenken. Das Ziel lautet also Sensibilisierte interessieren. Den Sensibilisierten ist deutlich zu machen, dass unter allen Anbietern im definierten Marktsegment keiner mehr *Vertrauen* verdient als das signalisierende Unternehmen.

Die dritte Gruppe sind jene Zielpersonen, die sich bereits konkret für bestimmte Produkte bzw. Leistungen des Unternehmens interessieren. Um diese **Interessierten** für das Unternehmen zu engagieren, muss der Kaufentscheidungsprozess dahingehend beeinflusst werden, dass sich der Interessent für das ihm angebotene Produkt entscheidet. Ziel ist hier letztlich der *Kaufakt*.

Das vierte und letzte Zielpersonengruppe sind die **Engagierten**. Sie sind vielleicht die wichtigste Zielgruppe, da sie sich aus den Kunden formiert. Besonders wichtig ist der Kunde deshalb, weil nicht nur sein Neu- sondern auch sein Ersatzbedarf ein erhebliches Absatzpotenzial darstellt. Die Engagierten tragen entscheidend dazu bei, dass das Unternehmen jetzt und in Zukunft erfolgreich ist. Kurzum: Der Kunde ist in seiner Kaufentscheidung zu bestätigen. Das Ziel für die Kernzielgruppe lautet daher *Bestätigung*.

2.3.4   Promotoren-Opponenten-Modell

Bei Investitionsprojekten, die einen nicht unerheblichen Einfluss auf das Veränderungsmanagement (engl. *Change Management*), also auf Struktur und Prozesse des beschaffenden Unternehmens haben, können die Akteure des Buying Center auch nach **Promotoren** oder **Opponenten** unterschieden werden, je nachdem, ob sie das Beschaffungsobjekt (z. B. Einführung eines ERP-Systems) eher fördern und unterstützen oder eher behindern und verlangsamen. Je nach Art des Einflusses im Buying Center können Promotoren bzw. Opponenten weiter unterteilt werden [vgl. Homburg/Krohmer 2009, S. 143 f.]:

- **Machtpromotoren** bzw. **-opponenten** beeinflussen das Buying Center aufgrund ihrer hierarchischen Stellung in der Organisation.

- **Fachpromotoren** bzw. **-opponenten** haben Einfluss aufgrund ihrer entsprechenden fachlichen Expertise und ihres besonderen Informationsstands.

- **Prozesspromotoren** bzw. **-opponenten** beeinflussen den Entscheidungsprozess aufgrund ihrer formellen und informellen Kommunikationsbeziehungen in der Organisation. Sie unterstützen bzw. behindern den Kaufprozess, in dem sie Verbindungen zwischen Macht- und Fachpromotoren bzw. -opponenten herstellen.

Abbildung 2-10 gibt einen Überblick über Beziehungen und Beiträge von Macht-, Prozess- und Fachpromotoren. Es soll nicht unerwähnt bleiben, dass sich die Promotoren- bzw. Opponentenrolle sowohl auf den Beschaffungsvorgang insgesamt (also auf die Problemlösung an sich) als auch auf bestimmte Auswahlalternativen (also auf das Produkt A oder B) beziehen kann.

Die Kenntnis der Rollenstruktur und die Identifikation der verschiedenen Akteure eines Buying Center stellen zentrale Ansatzpunkte für das B2B-Marketing dar. Insbesondere die unterschiedlichen Vorgehensweisen und Maßnahmen im Rahmen des Aktionsfeldes *Akquisition* sollten sehr stark geprägt sein von den unterschiedlichen Bedürfnissen und Anforderungen der verschiedenen Akteure im Buying Center.

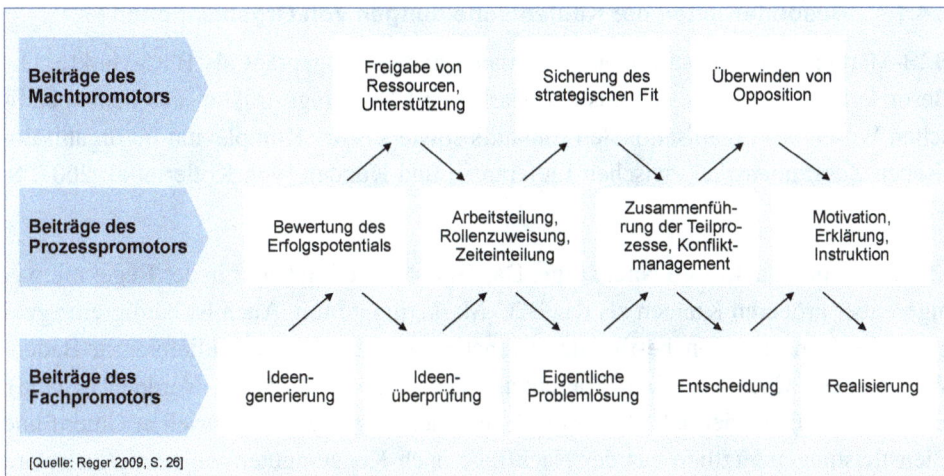

Abb. 2-10:   Beziehungen und Funktionen von Macht-, Prozess- und Fachpromotoren

Bei den Mitgliedern der **Geschäftsleitung** handelt es sich in erster Linie um Machtpromotoren, die über das hierarchische Potenzial verfügen, um eine Beschaffungsentscheidung durchzusetzen. In kleineren Kundenunternehmen ist dies der Unternehmer selbst bzw. die Geschäftsführung, in größeren Unternehmen das Management der ersten und zweiten Führungsebene.

Bei Kundenunternehmen mit einer eigenen IT-Abteilung kann das **IT-Management** ein wichtiger Fach- aber auch Machtpromotor sein, den der Anbieter in jedem Fall in seinen Akquisitionsprozess einzubeziehen hat. Diese Zielpersonen sind ständig darum bemüht, alle technisch-wirtschaftlichen Details aufzunehmen, die sie in die Lage versetzen, mit dieser spezifischen Energie auf Entscheidungs- und Innovationsprozesse einzuwirken [vgl. Strothmann/Kliche 1989, S. 81].

Die Zielpersonen der **Fachabteilungen** sind der Gruppe der Fachpromotoren zuzuordnen. Sie bereiten nicht nur den Entscheidungsprozess vor, sondern sie sind letztendlich auch die Personengruppe, die die auszuwählende Problemlösung nutzen soll.

2.4 Organisationales Kaufverhalten

Das Kaufverhalten von Organisationen (Unternehmen und Behörden) weicht in vielerlei Hinsicht vom Kaufverhalten der Konsumenten ab. **Unternehmen** erwerben Roh-, Hilfs- und Betriebsstoffe, technische Anlagen, Ersatzteile, Werkzeugmaschinen, Produktkomponenten, Telekommunikationseinrichtungen und gewerbliche Dienstleistungen, um eigene Produkte und Dienstleistungen zu erstellen. **Behörden bzw. öffentliche Institutionen** kaufen Güter und Dienstleistungen ein, um die ihnen übertragenen Aufgaben zu erstellen. Das Verständnis für die Besonderheiten organisationaler Kaufentscheidungen ist für die Marktsegmentierung im B2B-Bereich eine wichtige Voraussetzung.

2.4.1   Besonderheiten der Kaufentscheidungen von Organisationen

B2B-Märkte sind in bestimmten Merkmalen anders ausgeprägt als B2C-Märkte. Die Besonderheiten ergeben sich aus der Markt- und Nachfragestruktur, aus dem spezifischen Wesen des organisationalen Einkaufs sowie aus der Komplexität im organisatorischen Zusammenspiel zwischen Lieferanten und Kunden [vgl. Kotler et al. 2007, S. 315].

Struktur von Markt und Nachfrage. Das B2B-Marketing hat es in der Regel mit weniger, aber größeren Kunden als das B2C-Marketing zu tun. Auch ist häufig eine geografische Konzentration bestimmter Branchen zu beobachten (Zulieferer in Baden-Württemberg, Chemische Industrie entlang des Rheins, Werften in Norddeutschland). Eine weitere Besonderheit ist, dass sich die Nachfrage nach industriellen Gütern und Dienstleistungen letztlich aus der Nachfrage nach Konsumgütern ableitet. Auch wird die Gesamtnachfrage im B2B-Bereich durch Preisschwankungen weniger stark beeinflusst. Insbesondere bei komplexen Industriegütern und -dienstleistungen mit einem hohen Investitionsvolumen sind die Nachfragerhythmen eher unregelmäßig. Auch ist in solchen Fällen der Dienstleistungsanteil (z. B. Beratung) von besonderer Bedeutung für den Kaufabschluss.

Wesen des organisationalen Einkaufs. Organisationale Kaufentscheidungen haben zumeist mehrere Mitwirkende (Mitarbeiter aus Einkauf, Fachabteilung, Management). Da es sich handelt in der Regel um Kollektiventscheidungen handelt, wird auch von **Multipersonalität** des organisationalen Einkaufs gesprochen. Eine zweite Besonderheit ist die **Multitemporalität**, da der Verkaufsprozess im B2B-Bereich zeitlich länger anzusetzen ist als beim B2C-Marketing. So sind aufgrund der Vielzahl der beteiligten Akteure auf der Einkaufsseite und aufgrund der komplexen Leistungen in der Regel mehrere Kontaktbesuche erforderlich, um letztlich den Auftrag zu erhalten. Eine weitere Besonderheit ist die Vielzahl von weiteren Organisationen, die insbesondere bei komplexen Gütern und Leistungen sowohl auf der Anbieterseite (z. B. als Subunternehmen) als auch auf der Nachfragerseite (z. B. Ingenieurbüros) in den Verkaufsprozess eingebunden sind. Charakteristisch für den B2B-Bereich ist weiterhin ein professionelles Beschaffungsmanagement mit einem hohen Formalisierungsgrad (Einholung von Alternativangeboten, Ausschreibungen). **Multioperativität** und **Multiorganisationalität** sind hier die besonderen Merkmale des organisationalen Einkaufs.

Komplexität des organisatorischen Zusammenspiels. Komplexe technische Zusammenhänge bei einer Vielzahl von industriellen Gütern bestimmen das B2B-Marketing, das die Aufgabe hat, Leistungsdaten und technische Informationen verständlich aufzubereiten. Eine weitere Besonderheit im B2B-Bereich ist, dass die einkaufende Organisation häufig solche Lieferanten auswählt, die umgekehrt auch bei ihr einkauft (Reziprozität). Aufgrund des Einkaufsvolumens und der damit verbundenen Einkaufsmacht, ist dem anbietenden Unternehmen besonders an einer engen, langfristigen und auch persönlichen Geschäftsbeziehung gelegen.

Abbildung 2-11 liefert einen Überblick über die Besonderheiten der B2B-Märkte.

Struktur von Markt und Nachfrage	Wesen des organisationalen Einkaufs	Komplexität im organisatorischen Zusammenspiel
• Weniger und größere Käufer • Geografische Käuferkonzentration • Abgeleitete Nachfrage • Unbeständige Nachfrage • Besondere Bedeutung von Dienstleistungen	• Multipersonalität (Buying Center) • Multiple Verkaufskontakte (Sales Cycle) • Multioperationalität und Multiorganisationalität • Professionelles Einkaufsmanagement und hoher Formalisierungsgrad	• Komplexe Zusammenhänge (z.B. Systemkauf) • Reziprozität • Langfristigkeit der Geschäftsbeziehung • Hoher Grad der persönlichen Interaktion der Geschäftspartner

[Quelle: Kotler et al. 2007, S. 315]

Abb. 2-11: Charakteristika des organisationalen Kaufverhaltens

2.4.2 Organisationale Kaufprozess

Der Kaufprozess im B2B-Bereich läuft grundsätzlich rationaler, systematischer, formeller und langfristiger ab als im B2C-Bereich. Doch ebenso wie bei Konsumgütern gibt es auch bei der Vermarktung von industriellen Gütern und Dienstleistungen keinen festgeschriebenen Prozess. Zur besseren Veranschaulichung ist es aber auch hier hilfreich, den organisationalen Kaufprozess in Phasen zu unterteilen.

Das in Abbildung 2-12 dargestellte Phasenmodell ist idealtypischer Art; es können Phasen wegfallen, übersprungen werden oder auch die Reihenfolge kann variieren [vgl. Homburg/Krohmer 2009, S. 146].

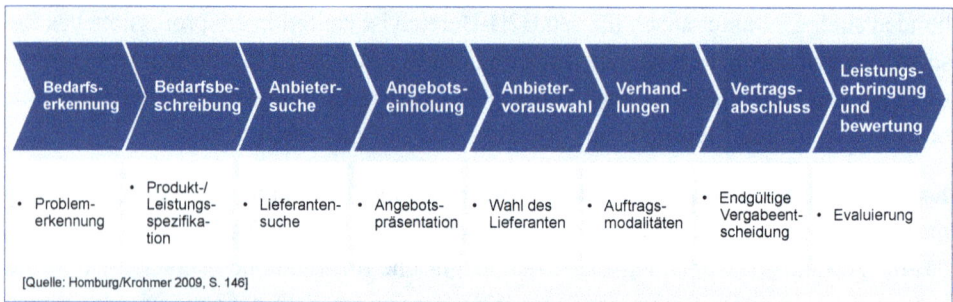

Abb. 2-12:   Phasen des organisationalen Kaufprozesses

Ausgangspunkt des organisationalen Kaufprozesses ist die Phase der **Bedarfserken-nung**. Hier geht es um die Analyse und Definition des grundsätzlichen Bedarfs. Die Bedarfsauslösung kann durch interne oder durch externe Anregungen erfolgen. Bei einem *reinen Wiederholungskauf* (z. B. bei Bürobedarf oder Betriebsstoffen) bestellt die Einkaufsabteilung routinemäßig Produkte oder Dienstleistungen nach. Müssen vor der Bestellung Änderungen in der Produktspezifikation oder bei den Preisen vorgenommen werden, handelt es sich um einen *modifizierten Wiederholungskauf*. Das Schwergewicht dieser Darstellung liegt auf dem *Erstkauf*, d. h. der Käufer steht vor der Situation, ein bestimmtes Produkt oder eine Dienstleistung zum ersten Mal zu erwerben. Während hierbei der interne Bedarf zumeist durch einen Angehörigen der Organisation (*Initiator*) ausgelöst wird, erfolgen externe Anregungen häufig durch Werbung, Kontakt zu Vertretern oder durch Fachmessen.

Nach der grundsätzlichen Bedarfserkennung erfolgt die **Bedarfsbeschreibung**. In dieser Phase werden die gewünschten Produkt- oder Leistungseigenschaften spezifiziert. Bei komplexen Gütern und Dienstleistungen geschieht dies sehr häufig in Form eines Pflichten- oder Lastenheftes, das die genauen *Produktspezifikationen* enthält. Im Rahmen des Buying Center spielen diejenigen Akteure eine wichtige Rolle, die über das entsprechende produkt- und leistungsspezifische Wissen verfügen (z. B. *Beeinflusser* und *Nutzer*).

Im Rahmen der nun folgenden **Anbietersuche** geht es um die Identifikation der in Frage kommenden Lieferanten. Branchenverzeichnisse, Online-Katalog und Portale, vor allem aber *Empfehlungen* und *Referenzen* spielen bei der Lieferantenauswahl eine wichtige Rolle. Bisherige Erfahrungen des Kunden mit dem Anbieter sowie die allgemeine Reputation des Anbieters sind insbesondere immer dann wichtige Auswahlkriterien, wenn es sich um die Beschaffung von Investitionsobjekten handelt, die einen nicht unerheblichen Einfluss auf Struktur und Prozesse der einkaufenden Organisation haben. *Gatekeeper*, *Beeinflusser* und *Nutzer* sowie *Promotoren* und *Opponenten* sind hierbei besonders aktive Mitwirkende im Buying Center.

Im nächsten Schritt steht die **Angebotseinholung** im Vordergrund. Aus Sicht des potenziellen Lieferanten geht es vor allem darum, die Nutzenkriterien und Vorteile des eigenen Angebotes besonders herauszustellen. Angebote sind damit Marketingdokumente, deren Erstellung durchaus sehr aufwändig sein kann. Bestimmte Beschaffungsvorhaben und dies gilt insbesondere für öffentliche Aufträge, müssen ausgeschrieben werden (EU-Richtlinien). Bei der Angebotseinholung und -bewertung wirken in der Regel *Nutzer* und *Einkäufer* mit.

Auf der Grundlage der vorliegenden Angebote wird eine **Anbietervorauswahl** getroffen, an der aus dem Buying Center ebenfalls *Nutzer* und *Einkäufer* schwerpunktmäßig beteiligt sind. Häufig werden die potenziellen Lieferanten auch zu einer förmlichen Präsentation ihres Angebots gebeten. Solche Wettbewerbspräsentationen (engl. *Pitch*) sind in vielen Branchen üblich und bedeuten für die Anbieter eine nicht unerhebliche Vorleistung. Ergebnis dieser Qualifizierung ist zumeist eine sogenannte *Shortlist*. Diese enthält nur noch eine sehr kleine Anzahl von Anbietern, die sämtliche Mindestvoraussetzungen (engl. *Order Qualifications*) erfüllen.

Mit den Unternehmen, die auf der Shortlist stehen, wird nun in die Phase der **Verhandlungen** eingetreten. Hier werden alle Auftragsmodalitäten wie Art, Qualität und Umfang des Investitionsobjekts, der Preis inkl. Honorare für die Einführung, Beratung und Schulung, Ergänzungsleistungen, Gewährleistungsaspekte sowie Lieferungs- und Zahlungsbedingungen verhandelt. Aus dem Buying Center wirken *Einkäufer*, *Nutzer* und *Entscheider* als zentrale Akteure auf der Einkaufsseite mit.

Die Verhandlungsphase mündet ein in den **Vertragsabschluss** mit dem Lieferanten, der bei sehr komplexen Investitionsvorhaben auch als Generalunternehmer fungieren kann. An der Auftragsvergabe bzw. am Vertragsabschluss direkt beteiligt sind in der Regel *Einkäufer* und *Entscheider*.

In der abschließenden Phase der **Leistungserbringung und -bewertung** geht es um die Erfüllung der vertraglich festgelegten Leistungen sowie um deren Beurteilung. Bei größeren Investitionsvorhaben werden Leistungserbringung (engl. *Delivery*) und deren Bewertung auch in zeitlichen Abschnitten durchgeführt. Maßgeblich hierfür sind Meilensteinpläne, die dem Nutzer bzw. Anwender die Möglichkeit bieten, Zwischenkontrollen durchzuführen und ggf. – bei Schlechterfüllung – den Lieferanten zu wechseln.

3. Positionierung – Optimierung des Kundenvorteils

Die **Positionierung** ist das zweite wichtige *Aktionsfeld* bzw. die zweite *Prozessphase* im Vermarktungsprozess (siehe Abbildung 3-01). Sie zielt darauf ab, innerhalb der definierten Segmente bzw. Geschäftsfelder eine klare *Differenzierung* gegenüber dem Leistungsangebot des Wettbewerbs vorzunehmen. Die Einbeziehung des Wettbewerbs und seiner Stärken und Schwächen ist also ein ganz entscheidendes Merkmal der Positionierung [vgl. Lippold 2018d].

Abb. 3-01: Positionierung als zweites Aktionsfeld der Marketing-Wertschöpfungskette

3.1 Kundenvorteil statt nur Kundennutzen

Jedes Unternehmen tritt in seinen Marktsegmenten gegen einen oder mehrere Wettbewerber an. In dieser Situation reicht es nicht aus, *ausschließlich* nutzenorientiert zu argumentieren. Neben den reinen **Kunden**nutzen muss vielmehr der **Kunden**vorteil treten. Der Kundenvorteil ist der Vorteil, den der Kunde beim Erwerb der Leistung gegenüber der des Wettbewerbers hat. Wer überlegenen Nutzen (= Kundenvorteil) bieten will, muss die Bedürfnisse, Probleme, Ziele und Nutzenvorstellungen des Kundenunternehmens sowie die Vor- und Nachteile bzw. Stärken und Schwächen seines Leistungsangebotes gegenüber denen des Wettbewerbs kennen. Die Positionierung zielt also auf die Optimierung des Kundenvorteils ab.

Die wesentlichen Fragen zur Positionierung sind:

- Wie differenziert sich das eigene Angebot von dem des Wettbewerbs?
- Welches sind die wichtigsten *Alleinstellungsmerkmale*?

Bei der Beantwortung geht es allerdings nicht so sehr um die Herausarbeitung von Wettbewerbsvorteilen an sich. Entscheidend sind vielmehr jene Produkt- und Leistungsvorteile, die für den **Kunden** interessant sind und einen besonderen Wert für ihn haben. Ein

https://doi.org/10.1515/9783110756807-003

Unternehmen kann diesen Wert, dieses *"... Mehr an Nutzen bieten, indem es besser, neuer, schneller oder preisgünstiger ist"* [Kotler et al. 2007, S. 400].

Ein Unternehmen kann diesen Wert, dieses Mehr an Nutzen bieten, indem es besser, neuer, schneller oder preisgünstiger ist oder einen besseren Standort hat. Produkt- und Leistungsvorteile müssen also ein Bedürfnis bzw. ein Problem der Zielgruppe (z.B. einer bestimmten Branche) befriedigen bzw. lösen. Vorteile, die diesen Punkt nicht treffen, sind von untergeordneter Bedeutung. Unternehmen, die es verstehen, sich im Sinne des Kundenproblems positiv vom Wettbewerb abzuheben, haben letztendlich die größeren Chancen bei der Auftragsvergabe.

3.2 Produkt/Leistung als Positionierungselement

Grundsätzlich gibt es zwei Möglichkeiten, die Stärken von B2B-Unternehmen in Kundenvorteile umzusetzen: Entweder mit dem **Produkt- bzw. Leistungsvorteil** oder mit dem **Kosten- bzw. Preisvorteil.** Die Positionierung von Leistungsvorteilen ist häufig sehr viel schwieriger als die von Preisvorteilen, da der Preis- oder Kostenvorteil ceteris paribus objektivierend wirkt. Das Kriterium der leistungsbezogenen Differenzierung kann daher nur der *Alleinstellungsanspruch* sein, denn die Einzigartigkeit wird im Wettbewerbsvergleich ebenfalls objektivierend beurteilt. Prinzipiell bietet jeder Leistungsparameter Chancen, Kundenvorteile zu erzielen. Entscheidend für die Durchsetzung von Kundenvorteilen ist, dass sich der Kommunikationsinhalt auf Einzigartigkeit, Verteidigungsfähigkeit und auf jene Leistungseigenschaften konzentrieren sollte, die der Kunde besonders hoch gewichtet. Damit führt die Positionierung zur Bestimmung des Kommunikationsinhaltes, denn jegliche Kommunikation mit dem Kunden sollte auf dessen Vorteil ausgerichtet sein. [vgl. Große-Oetringhaus 1986, S. 3 und 41].

3.2.1 Differenzierung als Grundlage der Positionierung

Eine der Hauptaufgaben für das Marketing besteht demnach darin, diese **Alleinstellungsmerkmale** (engl. *Unique Selling Proposition – USP*) ausfindig zu machen, gegenüber dem Markt zu kommunizieren und damit *Präferenzen* zu bilden. Die Differenzierungsmöglichkeiten können je nach Branche sehr unterschiedlich sein. In einigen Branchen können solche Kundenvorteile relativ leicht gewonnen werden, in anderen ist dies nur sehr schwer möglich. Ersatzweise können dann Leistungsmerkmale herangezogen werden, die für sich genommen zwar keinen Alleinstellungsanspruch rechtfertigen, sehr wohl aber in ihrer *Kombination* einen Kundenvorteil darstellen.

Ein Unternehmen sollte ein Marktsegment letztlich nur dann als attraktiv für sich einschätzen, wenn es sich aufgrund seiner eigenen Leistungspotenziale einen oder mehrere

Wettbewerbsvorteil(e) verspricht. Hierzu ist es im Rahmen der Positionierung erforder-lich, sich ein genaues Bild über die *Erfolgs- oder Schlüsselfaktoren* – bezogen auf die Anforderungen der jeweiligen Marktsegmente – zu verschaffen. Solche Erfolgsfaktoren wirken stark *differenzierend* und zeigen Potenziale auf, um sich vom Wettbewerb inner-halb der Segmente abheben zu können. Spekulationen bei der Ermittlung der gegenwär-tigen Position sollten dabei möglichst ausgeräumt werden. Hier kann der Einsatz quali-tativer und quantitativer Marktforschungsmethoden (strukturierte Analysen der eigenen Stärken und Schwächen sowie der Wettbewerber, Marktveränderungen und Differen-zierungsmerkmale etc.) hilfreiche Dienste leisten. Besonders wichtig ist dabei nicht nur die eigene „Nabelschau", sondern eben auch die Analyse der Stärken und Schwächen des Wettbewerbs. Um die Wahrnehmung der Marktposition des Unternehmens und der wichtigsten Wettbewerber festzustellen, müssen die wichtigsten Zielgruppen (Kunden, Meinungsbildner etc.) verschiedene, für die Positionierung relevante Leistungsfaktoren bewerten. Bei diesen Erhebungen steht die subjektive Wahrnehmung der Befragten im Vordergrund.

3.2.2   Potenzial-, Prozess- und Programmunterschiede

Für den Industriegüterbereich (und damit im Wesentlichen auch für das B2B-Marke-ting) schlagen Backhaus/Voeth [2014, S. 153] einen Ansatz vor, der die besonderen Ressourcen, Fähigkeiten und Kompetenzen des Anbieters zur Positionierung berück-sichtigt. Als Differenzierungsmöglichkeiten werden dabei

- Potenzialunterschiede,
- Prozessunterschiede und
- Programmunterschiede

im Vergleich zum Wettbewerb herangezogen (siehe Abbildung 3-02).

Potenzialunterschiede	Prozessunterschiede	Programmunterschiede
z. B.	z. B.	z. B.
• Kapitalausstattung	• Supply Chain Management	• Produktangebot
• Technologiezugang	• Customer Relationship	(Komponenten, Module)
• Rohstoffzugang	Management	• Systemangebot
• Mitarbeiterkompetenz	• Product Lifecycle	(Systemengineering, System-
• F&E-Kompetenz	Management	technologie)
• Wissensmanagement		• Dienstleistungsangebot
• Lieferantennetzwerk		(Beratung, Installation,
• Vertriebssystem		Wartung, Outsourcing)
[Quelle: Backhaus/ Voeth 2010, S. 148 ff.]		

Abb. 3-02: Differenzierungsmöglichkeiten im B2B-Sektor

Zu den **Potenzialunterschieden** als Quelle für den Kundenvorteil zählen z. B. ein patentrechtlich geschütztes Wissen ebenso wie der Zugang zu dominanten Technologien, ein exklusives Vertriebssystem oder besonders fähige Mitarbeiter.

Wettbewerbsrelevante **Prozessunterschiede** ergeben sich insbesondere beim Management der Supply Chain, bei den Prozessketten des Product Lifecycle sowie beim Customer Relationship Management. Hier stellt sich allerdings die Frage, wie solche Prozessketten im Hinblick auf Effektivität und Effizienz und vor allem im Vergleich zum Wettbewerb gemessen bzw. beurteilt werden sollen.

In den **Programmunterschieden** dokumentiert sich der vom Kunden wahrgenommene Marktauftritt eines Anbieters. Unternehmen, die bspw. nur als Komponentenlieferant, nur als Systemanbieter oder nur als Dienstleister auftreten, werden sich im Markt anders positionieren als Unternehmen, die über die vollständige Programmbreite verfügen [vgl. PLINKE 1995, S. 68]. So hat sich SAP jahrelang als reines Softwarehaus positioniert, während international operierende IT-Beratungsunternehmen wie Accenture, Capgemini oder Bearing Point als SAP-Berater (z. B. für internationale SAP-Rollouts) agieren.

Die in Abbildung 3-02 aufgezeigten Differenzierungsmöglichkeiten machen deutlich, wie vielfältig die Gestaltungsansätze für das B2B-Marketing sind, um Erfolgsfaktoren und damit Kundenvorteile für eine erfolgreiche Positionierung herauszuarbeiten.

Darüber hinaus bieten die spezifischen Wettbewerbsverhältnisse und Kundenanforderungen innerhalb einer *Branche* weitere Differenzierungsmöglichkeiten. Ein Beispiel dafür sind die Differenzierungsmerkmale für ERP-Softwareprodukte, die sich an folgenden Anwenderbedürfnissen orientieren [vgl. Lippold 1998, S. 159]:

- **Funktionaler Nutzen** mit den Ausprägungen Funktionsbreite und -tiefe sowie Integrationsfähigkeit;
- **Zukunftssicherheit** mit den Ausprägungen Softwaretechnologie und -architektur, Portabilität, Image/Reputation und Finanzkraft;
- **Produktstabilität** mit den Ausprägungen Anzahl der Installationen und Referenzen sowie Zuverlässigkeit;
- **Serviceleistungen** mit den Ausprägungen Organisationsberatung, Einsatzunterstützung, Customizing, Anwenderschulung und Hot-Line-Wartung;
- **Kundennähe** mit den Ausprägungen Anzahl der Geschäftsstellen, Anzahl der Servicestellen, Anzahl der Vertriebspartner, Anzahl der Servicepartner sowie internationale Präsenz.

In Abbildung 3-03 sind die Differenzierungsmöglichkeiten für Anbieter von ERP-Anwendungssystemen im Überblick dargestellt.

Funktionaler Nutzen	Zukunfts- sicherheit	Produktstabilität	Serviceleistungen	Kundennähe
Funktionsbreite	Softwaretechnologie	Anzahl Installationen	Organisations- beratung	Anzahl Geschäfts- stellen
Funktionstiefe	Softwarearchitektur	Anzahl Referenzen	Einsatzunterstützung	Anzahl Servicestellen
Integrationsfähigkeit	Portabilität	Zuverlässigkeit	Customizing	Anzahl Vertriebspartner
	Image, Reputation		Anwenderschulung	Anzahl Servicepartner
	Finanzkraft		Hot-Line Wartung	Internationale Präsenz

[Quelle: Lippold 1998, S. 159]

Abb. 3-03: Differenzierungsmerkmale für ERP-Anwendungssysteme

Häufig besteht der Bedarf, die so gewonnene Positionierung auch zu lokalisieren. Dazu werden die verschiedenen miteinander im Wettbewerb stehenden Leistungen in einem sog. *Eigenschafts- oder Merkmalsraum* angeordnet.

Abbildung 3-04 zeigt ein Beispiel für einen Merkmalsraum mit fünf Eigenschaften, die kaufentscheidend für eine ganze Reihe von erklärungsbedürftigen B2B-Leistungen sein können. Die Eigenschaften sind hierbei über den Merkmalsraum für drei Positionierungsobjekte (Leistungsangebot A, B und C) gespannt.

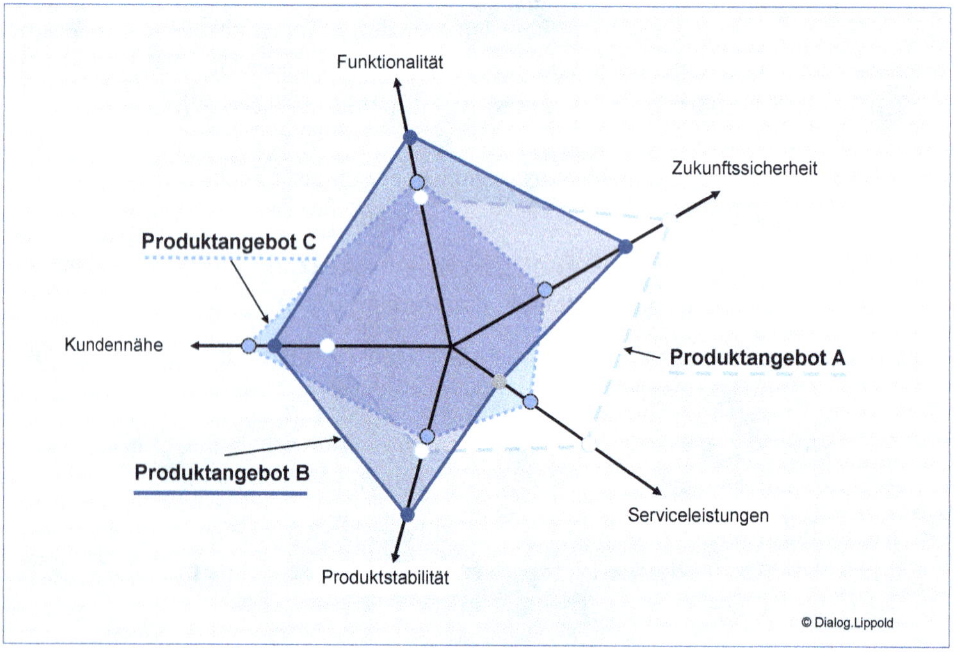

Abb. 3-04: Beispiel für ein Positionierungsmodell mit fünf Dimensionen

Sind die Erfolgsfaktoren identifiziert und beherrschbar, so müssen die Leistungs- und Unternehmensstärken gegenüber den potenziellen Kunden argumentiert (→ Kundenvorteil) und damit zu *strategischen Wettbewerbsvorteilen* ausgebaut werden. Der strategische Wettbewerbsvorteil sollte drei Kriterien erfüllen [vgl. Simon 1988, S. 465]:

- Der Vorteil muss ein für den Kunden wichtiges Leistungsmerkmal betreffen.

- Der Vorteil muss vom Kunden tatsächlich wahrgenommen werden.

- Der Vorteil sollte vom Wettbewerb nicht schnell einholbar sein, d. h. er muss eine gewisse Dauerhaftigkeit aufweisen.

Das oben beschriebene Positionierungsmodell ist für die Bestimmung der unmittelbaren Wettbewerbsposition eines Unternehmens häufig noch zu unscharf. Dies kann jedoch eine Betrachtung der *strategischen Gruppen* innerhalb einer Branche leisten (siehe Insert 3-02).

Eine **strategische Gruppe** ist eine Menge von Unternehmen, die innerhalb einer Branche die gleiche bzw. eine ähnliche Strategie verfolgen [vgl. Müller-Stewens/Lechner 2001, S. 142].

Die Positionierung bildet also ab, wie das Unternehmen (oder das Produkt oder die Dienstleistung) aufgrund wichtiger Eigenschaften im Vergleich zum Wettbewerb von den Zielgruppen wahrgenommen wird. Eine Positionierungsentscheidung kann aus folgenden **Anlässen** getroffen werden:

- **Neupositionierung**, d. h. es geht darum, ein Produkt erstmalig gezielt zu positionieren. Dies ist bei der Einführung neuer Produkte regelmäßig der Fall.

- **Positionsausbau**, d. h. eine erreichte Positionierung soll verstärkt werden oder ggf. auf andere Produkte übertragen werden (Markentransfer).

- **Umpositionierung** (engl. *Relaunch*), d. h. bei einer abnehmenden Wettbewerbsposition oder bei schrumpfenden Märkten soll die bestehende Positionierung aufgegeben werden und die Marke modifiziert werden.

3.3 Der Preis als Positionierungselement

Produkte im B2B-Bereich sind in sehr vielen Fällen stark erklärungsbedürftig. Daraus folgt, dass solche Angebote in aller Regel aus einer Kombination aus Produkt und (Dienst-)Leistungen bestehen. Allein schon aus dieser Komplexität lässt sich eine erhebliche akquisitorische Wirkung aus preispolitischen Maßnahmen ableiten. Auch diese Tatsache, dass die Einkaufsabteilungen der Kundenunternehmen sehr häufig das „letzte

Wort" bei der Auftragsvergabe haben, ist ein Indiz dafür, dass der Preis im B2B-Sektor sehr häufig verhandelt wird.

3.3.1 Methoden der Preisfindung

Unter praxisbezogenen Aspekten lassen sich drei grundlegende Methoden der Preisfindung unterscheiden. Dies sind die kostenorientierte, die kundenorientierte und die wettbewerbsorientierte Preisfindung (siehe Abbildung 3-05).

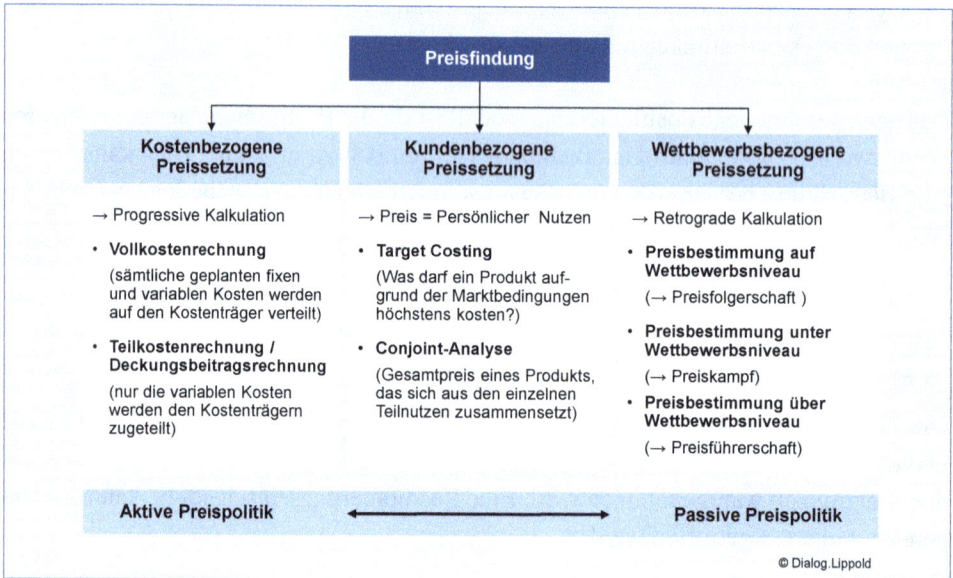

Abb. 3-05: Methoden der Preisfindung

Kostenorientierte Preisfindung. Im Rahmen der kostenorientierten Preisfestsetzung werden Preise auf der Grundlage von Kosteninformationen getroffen. Diese stellen die Kostenrechnung und hier speziell die Kostenträgerrechnung zur Verfügung. Um die Kosten und darauf aufbauend den Angebotspreis zu ermitteln, stehen zwei Kalkulationsverfahren zur Verfügung: die Vollkostenrechnung und die Teilkostenrechnung. Bei der **Preiskalkulation auf Vollkostenbasis** werden alle im Unternehmen anfallenden fixen und variablen Kosten auf den Kostenträger (das Produkt) verteilt. Der Angebotspreis ergibt sich aus der Summe der Gesamtstückkosten und eines vorher zu bestimmenden Gewinnzuschlags (→ *progressive Kalkulation*). Diese einfache Zuschlagskalkulation (engl. *Cost-Plus-Pricing*) hat den Nachteil, dass die in den Vollkosten enthaltenen Fix- bzw. Gemeinkosten nicht nach dem Verursachungsprinzip, sondern nach einem mehr oder weniger willkürlichen Verteilungsschlüssel auf die Kostenträger verteilt werden. Hinzu kommt die Gefahr, sich bei der Vollkostenrechnung aus dem Markt zu kalkulieren. Geht nämlich die Absatzmenge zurück, dann müssen bei der Nachkalkulation die fixen Kosten auf eine geringere Stückzahl verteilt werden. Mit höherem Preis sinkt die Absatzmenge und die Stückkosten steigen. Bei der **Preiskalkulation auf Teilkostenbasis** werden demgegenüber nur die variablen Stückkosten berücksichtigt. Das sind die Kostenanteile, die in einem direkten Zusammenhang mit der Entwicklung, Produktion und Vermarktung des Produkts stehen. Zentrales Instrument ist dabei die **Deckungsbeitragsrechnung** (engl. *Direct Costing*), deren Ausgangspunkt der Preis darstellt (→ *retrograde Kalkulation*).

Kundenorientierte Preisfindung. Zu den kundenorientierten Preisfestsetzungsmethoden zählen in erster Linie das Target Costing und die Conjoint-Analyse. Ziel des **Target Costing** ist es, den am Markt durchsetzbaren Preis für ein neues Produkt zu ermitteln. Im Gegensatz zum kostenorientierten Ansatz beginnt der Prozess des Target Costing bei den vom Markt akzeptierten Preisen, um anschließend Obergrenzen für die Kosten der Produkterstellung festzulegen. Dieser **Zielverkaufspreis** (engl. *Target Price*) lässt sich mit den Mitteln und Methoden der Marktforschung relativ leicht ermitteln. Zur zielgruppenspezifischen Bestimmung von Preisbereitschaften und zur Ableitung empirischer Preis-Absatz-Funktionen wird die **Conjoint-Analyse** eingesetzt. Mit dieser empirischen Analysemethode wird versucht, sich über die Nutzenbestimmung einzelner Produkteigenschaften dem optimalen Preis zu nähern. Im Zusammenhang mit der Anwendung der Conjoint-Analyse kann daher auch von einer *nutzenorientierten Preisfindung* gesprochen werden [vgl. Laakmann 1995, S. 211 ff.].

Wettbewerbsorientierte Preisfindung. In der Praxis haben sich dagegen drei grundlegende Verhaltensmuster bei der wettbewerbsorientierten Preisfindung durchgesetzt: Preisfestsetzung auf, unter und über Wettbewerbsniveau. Bei der **Preisfestsetzung auf Wettbewerbsniveau** (engl. *Me-too-Pricing*) spricht man auch von **Preisfolgerschaft** (→ wirtschaftsfriedliches oder Koalitionsverhalten). Dies erscheint immer dann sinnvoll, wenn eine Orientierung am Marktführer erfolgen muss. Die **Preisfestsetzung unter Wettbewerbsniveau** kann als **Preiskampf** (→ Kampfverhalten) angesehen werden und wird häufig bei neuen Produkten zur schnelleren Marktdurchdringung angewendet. Die **Preisfestsetzung über Wettbewerbsniveau**, die zumeist mit einer **Preisführerschaft** (→ wirtschaftsfriedliches oder Koalitionsverhalten) verbunden ist, wird insbesondere bei der Einführung innovativer Produkte oder bei prestigeträchtigen Marken mit hoher Präferenzbildung praktiziert (Schmuck, Möbel, Bekleidung) [vgl. Eckardt 2010, S. 142].

Fazit: Besonders im B2B-Bereich (z. B. bei Anlagen oder Projekten) ist die kostenorientierte Kalkulation (Voll- oder Teilkostenrechnung) weit verbreitet. Allerdings haben die kostenorientierten Verfahren den Nachteil, dass sie die Einflussfaktoren des Marktes weitgehend vernachlässigen. Das Target Costing dreht im Prinzip die Logik um und fragt danach, was ein Produkt aufgrund der Marktbedingungen höchstens kosten darf. Die wettbewerbsorientierte Preisbestimmung hat dagegen eher im B2C-Umfeld ihre Bedeutung [vgl. Becker 2019, S. 516].

3.3.2   Preispolitische Grundlagen im B2B-Geschäft

Unabhängig von diesen grundlegenden Aspekten einer Preispositionierung muss im B2B-Geschäft im Allgemeinen unterschieden werden zwischen

– dem **Angebotspreis** für ein Produkt (zumeist auf Basis einer Preisliste),
– dem **Angebotspreis** für ein Projekt, in den das Honorar der leistenden Mitarbeiter und ggf. auch ein Produktpreis einfließt und

dem **Honorar** eines Kundenberaters als Stunden- oder Tagessatz im Produktumfeld [vgl. im Folgenden Lippold 2018a, S. 234 ff.].

Da Produktpreise und Honorare weitestgehend selbsterklärend sind, soll hier auf die **Preisgestaltung von Projekten** näher eingegangen werden. Aus Kundensicht lassen sich die Preise von Projekten nicht so ohne weiteres vergleichen, weil in die Projektkalkulation neben den Tages- bzw. Stundenhonoraren auch die Bearbeitungsdauer mit einfließt.

Die Bearbeitungsdauer hängt wiederum hauptsächlich von der Qualifikation und der Erfahrung des Beraters ab. Insofern entziehen sich Projekte in der Regel einer grundsätzlichen Preisniveau- bzw. Preislagenbeurteilung. Die Kalkulation von Projekten erfolgt in der Praxis sehr häufig einfach, pragmatisch und nicht immer nach der betriebswirtschaftlichen Lehre.

In aller Regel handelt es sich bei der **Angebotskalkulation** aber um eine kostenorientierte Preisfindung, d. h. die Angebotspreise werden auf der Grundlage von Kosteninformationen getroffen. Diese stellen die Kostenrechnung zur Verfügung.

Das Kalkulationsgerüst ergibt sich aus den geschätzten Zeiten der Auftragsdurchführung, aus den direkten Personalkosten (Honorarsätze unterschieden nach Projektleiter, Consultant etc.), weiteren direkt zurechenbaren Kosten wie IT-Servicekosten, Kommunikationskosten, Hilfspersonalkosten, Reisekosten etc. und dem allgemeinen Verwaltungsaufwand (Overhead). In nahezu allen Projekten stellen die **Personalkosten** den größten Aufwandsblock dar.

Prinzipiell lassen sich bei der Preisgestaltung von Projekten folgende vier Grundformen unterscheiden (siehe Abbildung 3-06):

- Projekt nach Aufwand
- Projekt nach Aufwand mit Obergrenze
- Projekt zum Festpreis
- Projekt zum Erfolgshonorar.

Leistungen/Preiselemente	Preisgestaltungsmodelle		
Realisierung z. B. • Entwicklung • Customizing • Modifikationen • Installation		Festpreis	Festpreis
Dienstleistungen z. B. • Einführungsberatung • Schulungen • SW-/Hardware-Auswahl • Projektcontrolling	Festpreis	Nach Aufwand mit Obergrenzen	Nach Aufwand ohne Obergrenzen
Ausgaben (Expenses) z. B. • Reisekosten • Spesen • Kommunikationskosten • Externe Dienstleistungen			Nach Aufwand

[Quelle: in Anlehnung an Niedereichholz 2010, S. 277]

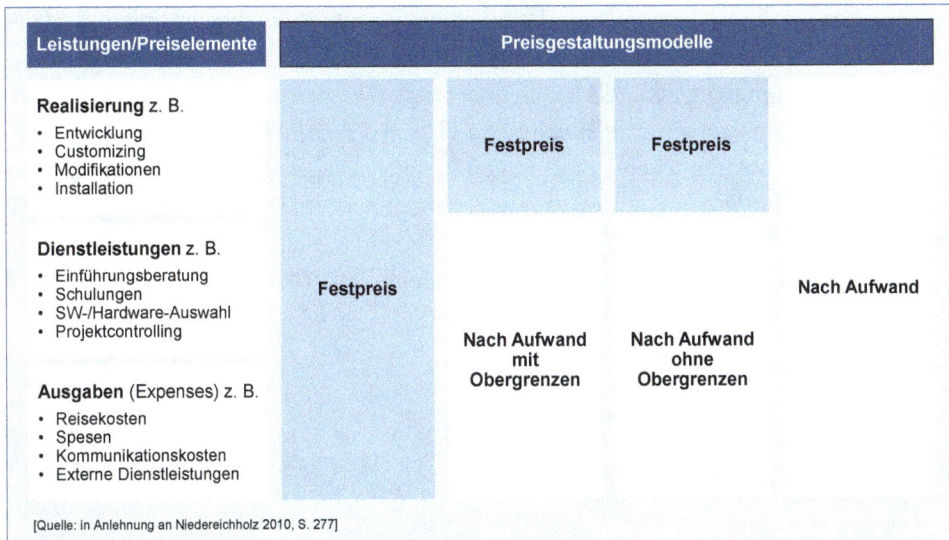

Abb. 3-06: Preisgestaltungsmodelle

Aufwandsprojekte. Beim **Projekt nach Aufwand** (engl. *Time & material*) bezahlt der Kunde den Projektanbieter für die abzuliefernden Projektergebnisse auf der Basis des Arbeitsaufwandes (Zeit- und Materialaufwand), den der Anbieter bei seinem Kundeneinsatz für die Bearbeitung des Projektgegenstandes bzw. für die Erstellung der Projektergebnisse eingesetzt hat (praktisch nur Dienstvertrag). Das Risiko einer evtl. Aufwandsüberschreitung trägt der Kunde. Der Kunde zahlt also für jeden geleisteten Tag. Das **Projekt nach Aufwand mit Obergrenze** ist ein Zeithonorar mit einem Pauschalbetrag als Obergrenze, innerhalb derer ein am zeitlichen Ressourceneinsatz orientiertes Zeithonorar berechnet wird. Ist bei dieser Mischform die Obergrenze erreicht, kann neu verhandelt werden.

Festpreisprojekte. Beim **Projekt zum Festpreis** zahlt der Kunde eine feste Vergütung, die auf Basis einer Abschätzung des zu erwartenden Zeitaufwandes und eines kostenbezogenen Zeitmaßstabes (z. B. Tagessatz) vereinbart wird (Werkvertrag zum Festpreis; seltener Dienstvertrag zum Festpreis). Die zeitliche Abschätzung wird zumeist auf der Grundlage eines Pflichtenheftes vorgenommen. Die Garantie eines Festpreises wird regelmäßig vor Projektbeginn vom Anbieter gegeben, der allein das Risiko der evtl. Überschreitung des geplanten Arbeitsaufwands trägt. Der Festpreis kann immer nur einvernehmlich geändert werden. Eine solcher Änderungsantrag (engl. *Change request*), der Auswirkungen auf die vereinbarten Aufwände und damit auf die Kalkulation des Festpreises spezifiziert, kann von einem der Vertragsparteien nachträglich gestellt werden.

Erfolgsabhängige Projektabrechnung. Beim **Projekt zum Erfolgshonorar** erfolgt die Vergütung in Abhängigkeit von einer bestimmten zu vereinbarenden Erfolgsgröße (z.B. 10 Prozent der monatlichen Einsparung im Kundenunternehmen nach Umsetzung der Ergebnisse). Diese Honorarform ist bis in die jüngste Zeit tabuisiert worden, da es nach deutschem Recht keine Definition des Erfolgs und auch keine anderweitigen parametrisierten Regelungen gibt. Als nachteilige Folgen werden ein möglicher Missbrauch (*„Verleiten Erfolgshonorare zu kundenschädlichem Verhalten?"*) sowie große Anforderungen an die vertraglichen Festlegungen gesehen. Angesichts der Vorteile des Erfolgshonorars (Förderung von Innovation, Unternehmertum, Risikobereitschaft und Finanzierungsvorteil für das Kundenunternehmen) zeichnet sich aber ein Wandel der Einstellung zu dieser Honorarform ab [vgl. Niedereichholz 2010, S. 278].

3.3.3   Preisdifferenzierung

Grundlage von Preisdifferenzierungsstrategien ist das Phänomen, dass verschiedene Kunden unterschiedliche Zahlungsbereitschaften für identische bzw. nahezu identische Produkte oder Dienstleistungen aufweisen. Zentrales Ziel der Preisdifferenzierung ist eine Gewinnsteigerung durch Abschöpfung der unterschiedlichen Zahlungsbereitschaften. Eine Gewinnsteigerung lässt sich dadurch erreichen, indem ausgehend von den beim Einheitspreis kaufenden Nachfragern zwei zusätzliche Nachfragegruppen besser erschlossen werden: Zum einen solche Nachfrager, die bereit wären, einen höheren Preis für das Produkt zu zahlen; zum anderen jene Nachfrager, deren Preisbereitschaft unterhalb des Einheitspreises liegt [vgl. Meffert et al. 2008, S. 511 und Fassnacht 2003, S. 485].

In aller Regel hat die Preisdifferenzierung die meisten Anwendungsfälle im B2C-Marketing. Doch auch ein Beispiel aus dem B2B-Bereich soll die Wirkung der Preisdifferenzierung verdeutlichen (siehe Abbildung 3-07):

Anbieter von Softwaresystemen ziehen häufig die Anzahl der mit dem System arbeitenden Benutzer (User) zur Preisdifferenzierung heran. Bei einem Einheitspreis von p_0 wird man alle Kunden mit relativ kleinen IT-Budget nicht erreichen und darüber hinaus bei jenen (Groß-)Anwendern, die aufgrund ihres höheren IT-Budgets auch einen höheren Preis akzeptieren würden, auf entsprechenden Mehrumsatz bzw. Gewinn verzichten. Mit einer nach User-Größenklassen ausgerichteten Preisdifferenzierung mit p_1 für Unternehmen mit mehr als 32 Usern, p_0 für Unternehmen zwischen 16 und 32 Usern und p_2 für Unternehmen mit weniger als 16 Usern lässt sich die Preisbereitschaft wesentlich besser ausschöpfen und den Erlös eines Unternehmens nachhaltig steigern [vgl. LIPPOLD 1998, S. 161].

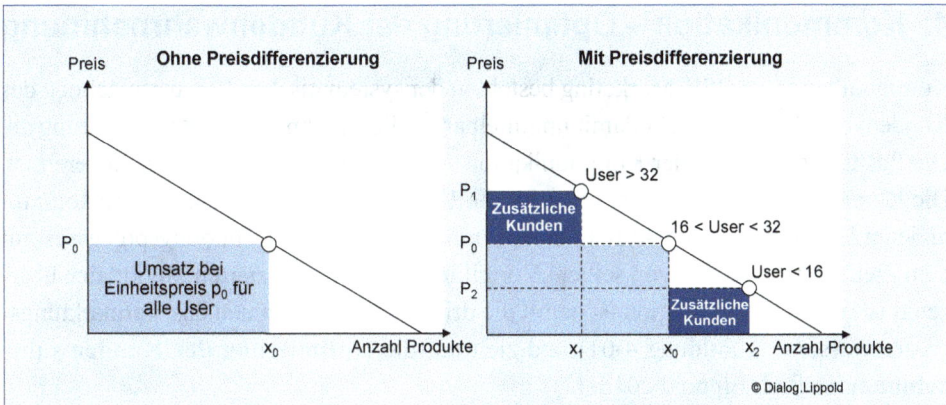

Abb. 3-07: Ausschöpfung der Preisbereitschaft durch Preisdifferenzierung

Den Vorteilen der Preisdifferenzierung stehen allerdings auch Nachteile gegenüber. So sind insbesondere Kannibalisierungseffekte und Irritationen im Kaufverhalten bei zu großen Preisunterschieden in ihren Auswirkungen auf Erlöse und Kosten gegen zu rechnen. Ferner ist darauf zu achten, dass die Märkte bzw. Marktsegmente, zwischen denen die Preise differenziert werden sollen, voneinander deutlich getrennt sind und dass die Komplexität der Preisvielfalt kontrollierbar bleibt [vgl. Sebastian/Maessen 2003, S. 7].

Grundsätzlich kann zwischen folgenden **Hauptformen der Preisdifferenzierung** unterschieden werden [vgl. Backhaus/Voeth 2014, S. 255]:

- **Zeitliche** Preisdifferenzierung (Preise werden in Abhängigkeit vom Kaufzeitpunkt variiert);

- **Quantitative** Preisdifferenzierung (in Abhängigkeit der abgenommenen Menge wird ein anderer Stückpreis gefordert);

- **Räumliche** (regionale) Preisdifferenzierung (von Kunden in verschiedenen Kunden oder Ländermärkten werden unterschiedliche Preise gefordert);

- **Qualitative** (personen- oder unternehmensbezogene) Preisdifferenzierung (Preise werden von der Erfüllung bestimmter personen- oder unternehmensbezogener Merkmale abhängig gemacht).

4. Kommunikation – Optimierung der Kundenwahrnehmung

Kommunikation im B2B-Marketing besteht in der systematischen Bewusstmachung des Kundenvorteils und schließt damit unmittelbar an die Ergebnisse der Positionierung an. Die Positionierung gibt der Kommunikation vor, *was* im Markt zu kommunizieren ist. Die Kommunikation wiederum sorgt für die Umsetzung, d.h. *wie* das *Was* zu kommunizieren ist. Sie führt zum Aufbau eines umfassenden Meinungsbildungsprozesses mit dem Ziel, dass der Kunde von seinem Vorteil bei den kommunizierten Merkmalen überzeugt ist. Die Kommunikation ist damit die dritte Phase im Rahmen des Vermarktungsprozesses (siehe Abbildung 4-01) und zielt auf die **Optimierung der Kundenwahrnehmung** ab [vgl. Lippold 2018e].

Abb. 4-01: Kommunikation als drittes Aktionsfeld der Marketing-Wertschöpfungskette

Kommunikationssignale haben im B2B-Marketing die Aufgabe, einen Ruf aufzubauen und innovative Leistungsvorteile glaubhaft zu machen. Unverzichtbare Elemente sind daher Seriosität, Glaubwürdigkeit und Kompetenz in den Aussagen und Darstellungen. Dazu ist es erforderlich, dass die Signale mehrere Quellen (Unternehmens-, Mitarbeiter-, Vertriebssignale) haben und in sich konsistent sind. Es dreht sich also nicht nur um das Branding als solide Marke, wenngleich sie auch in vielen Fällen die Initialzündung für spätere Aufträge sein kann.

4.1 Klassische vs. digitale Kommunikation

Die **klassische Kommunikation** im Marketing richtet sich an eine Zielgruppe, die sich im Rahmen der Marktsegmentierung selektieren lässt. Diese Selektion geht aber nicht soweit, dass jeder Empfänger der Werbebotschaft identifiziert werden kann. Die Zielpersonen bzw. Zielgruppen werden überwiegend durch Massenmedien angesprochen, wobei zum Teil große Streuverluste in Kauf genommen werden. Dagegen ist die Botschaft der **digitalen Kommunikation** an einzelne, individuell bekannte Zielpersonen gerichtet. Zumindest wird der Aufbau einer solchen individuellen Beziehung zwischen dem Absender und dem Empfänger der Botschaft angestrebt. Während die klassische Kommunikation mehr das Ziel verfolgt, Image und Bekanntheitsgrad aufzubauen, wird bei der digitalen Kommunikation eine Reaktion (engl. *Response*) des Angesprochenen und eine langfristige Kundenbeziehung angestrebt. So macht die **Werbung im Internet** zwischenzeitlich mehr als ein Viertel des gesamten Nettowerbekuchens aus und liegt damit nur noch knapp hinter der Fernsehwerbung. Während der Werbeumsatz in den klassischen Medien (TV, Rundfunk, Print etc.) bestenfalls stagniert, verzeichnen die Werbeumsätze im Internet seit Jahren stetige Zuwachsraten – Zuwachsraten, die auch für die kommenden Jahre prognostiziert werden (siehe Abbildung 4-02).

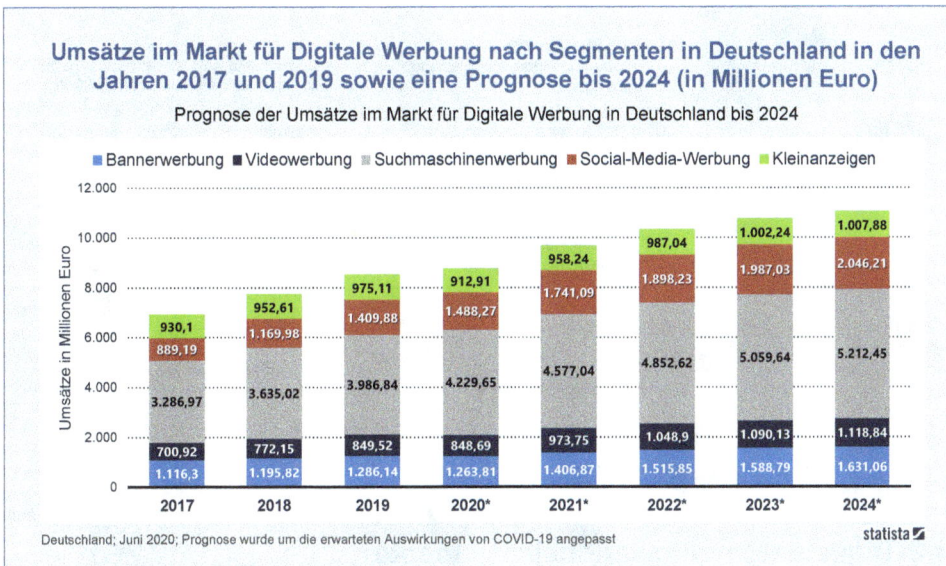

Umsätze im Markt für Digitale Werbung nach Segmenten in Deutschland in den Jahren 2017 und 2019 sowie eine Prognose bis 2024 (in Millionen Euro)

Prognose der Umsätze im Markt für Digitale Werbung in Deutschland bis 2024

■ Bannerwerbung ■ Videowerbung ■ Suchmaschinenwerbung ■ Social-Media-Werbung ■ Kleinanzeigen

	2017	2018	2019	2020*	2021*	2022*	2023*	2024*
Kleinanzeigen	930,1	952,61	975,11	912,91	958,24	987,04	1.002,24	1.007,88
Social-Media-Werbung	889,19	1.169,98	1.409,88	1.488,27	1.741,09	1.898,23	1.987,03	2.046,21
Suchmaschinenwerbung	3.286,97	3.635,02	3.986,84	4.229,65	4.577,04	4.852,62	5.059,64	5.212,45
Videowerbung	700,92	772,15	849,52	848,69	973,75	1.048,9	1.090,13	1.118,84
Bannerwerbung	1.116,3	1.195,82	1.286,14	1.263,81	1.406,87	1.515,85	1.588,79	1.631,06

Deutschland; Juni 2020; Prognose wurde um die erwarteten Auswirkungen von COVID-19 angepasst   statista🟥

Abb. 4-02: Umsatzentwicklung für Digitale Werbung nach Segmenten 2017 bis 2024

Damit verschiebt sich auch bei den Unternehmen die Aufmerksamkeit zunehmend von der klassischen Werbung zur Internet-Werbung. Während früher Werbeflächen rar, Produktionskosten hoch und der finanzielle Aufwand einer einzigen Kampagne enorm war, so bietet das weltweite Web eine bislang nicht gekannte Flexibilität.

Naturgemäß war es zunächst der B2C-Bereich, der sich wegen des neuen, attraktiven Zugangs zu seinen Kunden der Nutzung des Internets und hier besonders der sozialen Medien bediente. Zwischenzeitlich zeigt die Praxis, dass nach dem Web 1.0 mit E-Shop und E-Procurement jetzt auch das Web 2.0 mit den sozialen Medien in den Industriegüterunternehmen zum Einsatz kommt und auch dort eine große Bedeutung besitzt.

Daher sollen sich die nachstehenden Ausführungen ausschließlich auf die Möglichkeiten der **digitalen** Kommunikation konzentrieren. Abbildung 4-03 gibt einen Überblick über wichtige Unterschiede zwischen der klassischen und der digitalen Kommunikation.

	Klassische (werbliche) Kommunikation	Digitale (werbliche) Kommunikation
Häufig verwendete Synonyme	(Klassische) Werbung	Internet-Werbung, Online-Werbung, Internet-Marketing, Online-Marketing, Dialog-Marketing
Ziel	• Bekanntheit, Image • Einseitige Transaktion (Kunde kauft Produkt/Leistung)	• Reaktion (Response) • Langfristige Kundenbeziehung (Kundenbindung)
Zielgruppe	Eher Massenmarkt	Eher Einzelperson
Medien	Massenmedien	Internet
Kommunikationsfluss	In eine Richtung	In beide Richtungen (Dialog)
Kommunikationswirkung	• Hohe Streuverluste • Aufbau von Markenimages und -präferenzen	• Geringe Streuverluste • Individuelle Kundenbetreuung, geringe Kosten in Relation zur Wirkung
Erfolgsmessung	Über Befragungen (aufwendig)	Web Analytics (einfach und genau)
Paradigma/Philosophie	• Economies of Scale • Mass Production	• Economies of Scope • Customized Production
Kundenverständnis	• Anonymer Kunde • Relative Unabhängigkeit Verkäufer/Kunde	Interdependenz Verkäufer/Kunde
Marketingverständnis	Transaktionsmarketing	Beziehungsmarketing

[Quelle: in Anlehnung an Holland 2015, S. 8]

Abb. 4-03: Unterschiede zwischen klassischer und digitaler Kommunikation

4.2 Digitale Kommunikationsinstrumente

Die verschiedenen digitalen Kommunikationsinstrumente, die für die werbliche Beeinflussung der Kunden zur Verfügung stehen und für die oftmals die Begriffe **Online-Werbung** oder **Internet-Werbung** synonym benutzt werden, sollen hier unter dem Aspekt vorgestellt werden, welche Zielsetzung verfolgt wird: *Awareness-Ziele* oder *Response-Ziele* (siehe dazu im Folgenden Mühlenhoff/Hedel 2015, S. 525 ff.].

Beim Ziel **Awareness** geht es um Image, Bekanntheit oder auch Einstellung. Im Vordergrund steht somit die **Kommunikationsleistung** der Online-Werbung. Hierzu ist es erforderlich, eine möglichst hohe Bruttoreichweite in der Zielgruppe zu verfolgen. Das auszuwählende Kommunikationsinstrument soll kommunizieren und nicht primär zu Klicks anregen. So will man bspw. das Markenimage verbessern oder die Markenbekanntheit steigern. Die Kommunikationsleistung spielt somit auch im B2B-Geschäft die entscheidende Rolle.

Lautet das Ziel dagegen **Response**, so wird eine quantitativ messbare Interaktion angestrebt, die den User von der Werbeträgerseite auf die sogenannte „Landing page" bringt (Kampagnen-Sites oder die Homepage des Werbetreibenden). Hier geht es also um die

Interaktionsleistung der digitalen Werbung. Die Steigerung der Klickrate und des Kaufinteresses steht hierbei im Vordergrund. Was dann nach dem Klick in Teilnahme, Order oder Ähnliches umgewandelt wird, ist eine Frage der überzeugenden Produktleistung und der Landing Page selbst. Die Interaktionsleistung steht also für das B2B-Geschäft nicht unbedingt im Vordergrund [vgl. Roddewig 2003, S. 15].

Werden nun die vielfältigen digitalen Kommunikationsinstrumente innerhalb der beiden Zielsetzungsgegenpole nach der Nähe zu den Zielen Awareness und Response geordnet, so ergibt sich die Darstellung in Abbildung 4-04.

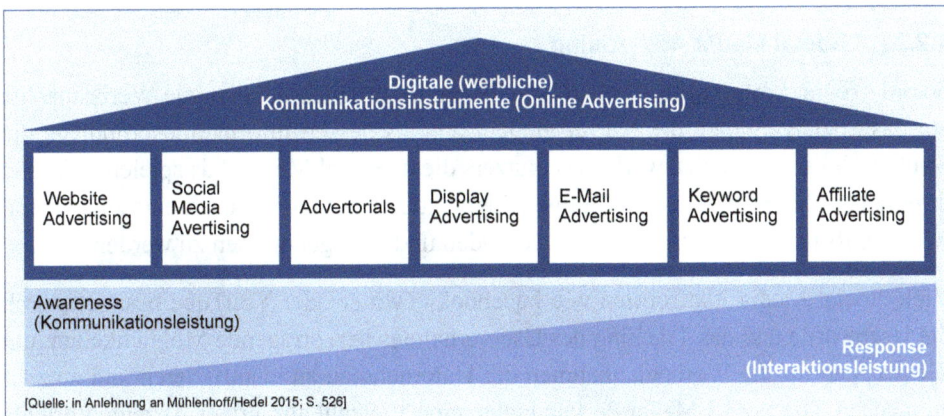

Abb. 4-04: Instrumente der digitalen werblichen Kommunikation

4.2.1 Website Advertising

Im Bereich der **Kommunikation** schließlich sind es die maßgeschneiderten Botschaften über alle Kommunikationsinstrumente und -kanäle hinweg, die das größte Änderungs- und Erfolgspotenzial darstellen. Dabei ist **Künstliche Intelligenz** (engl. *Artificial Intelligence – AI*) die Schlüsseltechnologie. Im Mittelpunkt stehen User Experiences in Echtzeit und individuell erstellte Inhalte für den Konsumenten [vgl. hierzu und im Folgenden Bergemann 2019, S. 311 ff.].

Das beginnt mit der **Website**, die zum werblichen Standardrepertoire eines Unternehmens zählt (engl. *Website Advertising*) und in der Regel einen interaktiven Charakter aufweist. Die Website eines Anbieters hat sich in den letzten *Jahren „zum wichtigsten Kontaktpunkt mit dem Kunden etabliert"* [Wirtz 2013, S. 570]. Sie ist die Mutter aller Online-Plattformen. Hier informieren sich Kunden über potenzielle Anbieter einer Problemlösung, deren Marken und die Eigenschaften einer Leistung. Wird man im Web nicht gefunden, so schwindet das Interesse am Unternehmen. Die Unternehmenswebsite verfolgt das Ziel, Interessenten in Kunden zu verwandeln. Und auch Kunden und sonstige Stakeholder wollen ihr Unternehmen im Web finden und sich dort weiter informieren.

So verwundert es niemanden, dass das Zentrum der Kommunikation heutzutage die Internetseite des Unternehmens bildet.

Der Webauftritt kann individuell, das heißt abhängig davon gestaltet werden, wer die Website besucht. Die Individualisierung kann vom Call to Action über Formulare bis hin zu Texten und Bildern in einem ganz auf den Nutzer individuell angepassten Design reichen. AI erlaubt dem Marketing die Automatisierung der Brand Experience von der ersten Kundenansprache über das Produkt- und Dienstleistungserlebnis bis hin zum Kundenservice.

4.2.2   Social Media Advertising

Social Media Advertising ist ein Werbeformat im Internet, bei dem die Werbeanzeige auf das Sozialverhalten der Nutzer eingeht und als dessen Informationsgrundlage die Struktur des sozialen Netzwerks des Nutzers dient. Social Media Ads spielen aufgrund ihrer hohen Reichweite und vielfältigen Segmentierungsmöglichkeiten eine zunehmend wichtige Rolle, um heute im Internet gefunden und wahrgenommen zu werden.

Viele Social Media Plattformen wie Facebook, Twitter oder YouTube besitzen durch die Userprofile und das Tracking des Userverhaltens hervorragende Möglichkeiten, um Zielgruppen für die Werbemaßnahmen der Unternehmen zu identifizieren und nutzbar zu machen. Die Social Media Portale bieten eine Vielzahl attraktiver Anzeigenformate und Anzeigenmechaniken, darunter auch die Aussteuerung nach demografischen und psychografischen Attributen.

Professionelle Netzwerke wie Xing oder LinkedIn dienen gezielt dem Austausch zwischen Geschäftspartnern, Mitarbeitern sowie zwischen Bewerbern und Unternehmen. Sie bieten die Vorzüge und Kommunikationsmöglichkeiten eines Social Networks, setzen dabei jedoch im Gegensatz zu Facebook ganz auf Seriosität der Inhalte.

Wie die Ergebnisse einer weltweiten Umfrage unter nahezu 5.000 Marketingleitern zeigen, klafft das Nutzungsverhalten zwischen B2C- und B2B-Firmen deutlich auseinander. So setzen fast 70 Prozent aller B2C-Unternehmen **Facebook** als das bevorzugte Medium ein, während dies im B2B-Bereich lediglich 48 Prozent sind. Dafür präferieren immerhin 30 Prozent aller B2B-Firmen das berufliche Netzwerk **LinkedIn**, das im konsumentennahen B2C-Bereich lediglich von vier Prozent der Befragten bevorzugt genutzt werden (siehe Abbildung 4-05).

Die Abbildung zeigt aber auch in Ansätzen das zielgruppengerechte Vorgehen bei den Firmen, die erkannt haben, dass ihre geschäftlichen Kunden eben nicht so punktgenau mit Facebook zu erreichen sind und daher eher ein berufliches Netzwerk bevorzugen.

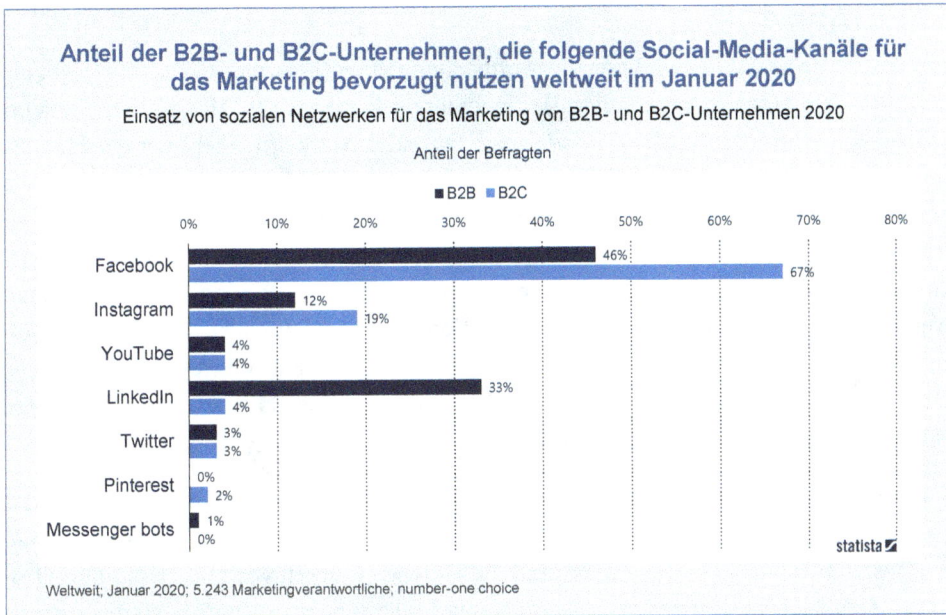

Anteil der B2B- und B2C-Unternehmen, die folgende Social-Media-Kanäle für das Marketing bevorzugt nutzen weltweit im Januar 2020

Einsatz von sozialen Netzwerken für das Marketing von B2B- und B2C-Unternehmen 2020

Anteil der Befragten

■ B2B ■ B2C

	B2B	B2C
Facebook	46%	67%
Instagram	12%	19%
YouTube	4%	4%
LinkedIn	33%	4%
Twitter	3%	3%
Pinterest	0%	2%
Messenger bots	1%	0%

statista

Weltweit; Januar 2020; 5.243 Marketingverantwortliche; number-one choice

Abb. 4-05: Bevorzugte Social-Media-Kanäle von B2C- und B2B-Unternehmen

Soziale Netzwerke ermöglichen es registrierten Nutzern, eigene Profile zu erstellen und diese mit anderen Nutzern zu vernetzen. Der Fokus sozialer Netzwerke kann entweder auf privaten Kontakten (beispielsweise Facebook) oder geschäftlichen Kontakten (beispielsweise Xing oder LinkedIn) liegen. Die meisten sozialen Netzwerke sind vornehmlich werbefinanziert. Solche Plattformen erlauben es Unternehmen zudem, **eigene Unternehmensseiten** zu pflegen. Nutzer, die ihr privates Profil mit diesen Seiten verlinken, können dann auf der Seite des Unternehmens veröffentlichte Inhalte bewerten, kommentieren, im eigenen Netzwerk weiterverbreiten oder eigene Postings erstellen.

Viele Unternehmen haben soziale Medien zunächst für die externe Kommunikation eingesetzt. Inzwischen nutzen Unternehmen aber auch verstärkt eine Social Software für interne Zwecke, um Austausch und Zusammenarbeit unter den Mitarbeitern zu verbessern. Insbesondere vervollständigt Social Media die E-Mail-Kommunikation, da viele Anfragen auf diesen Kanälen schneller und transparenter beantwortet werden können als über die klassische Mail. Zudem ergänzen Social Media in vielen Unternehmen inzwischen die bislang üblichen Intranets. Ein wichtiger Unterschied zum klassischen Intranet ist dabei die Art und Weise, wie Inhalte entstehen und geteilt werden. Jeder Mitarbeiter kann gleichzeitig Sender und Empfänger sein. Aus dem internen Redakteur wird ein Community-Manager [vgl. Bitkom-Pressemitteilung v. 29.04.2015].

Eine moderne Unternehmensführung weiß, wo der Mehrwert von Social-Media-Maßnahmen liegt, wie sie diese systematisch planen und dadurch erfolgreich Kunden binden sowie neue Kunden erreichen können.

4.2.3   Advertorials

Ein **Advertorial** ist die redaktionelle Aufmachung einer (getarnten) Werbeanzeige, die den Anschein eines redaktionellen Beitrages erwecken soll. Der Begriff ist eine Verschmelzung von *advertisement & editorial.* Das B2B-Marketing steht vor der Herausforderung, erklärungsbedürftige Produkte und Leistungen vermarkten zu müssen, die zumeist noch für jeden Kunden individuell zugeschnitten werden müssen. Auf Kundenseite besteht zudem ein ganz anderer Informationsbedarf, wenn ein hohes Investitionsvolumen getätigt und ein aus mehreren Personen gebildetes Buying Center überzeugt werden muss. In solchen Fällen muss B2B-Werbung informativ sein und zugleich Nutzen kommunizieren. Hier setzt ein gutes Advertorial an. Denn während Anzeigen und Banner nur einen Impuls liefern, sich mit einem Thema auseinanderzusetzen, liefert das Advertorial die Information gleich mit.

Print-Advertorials gibt es seit Jahrzehnten. Das Prinzip bei den Online-Advertorials bleibt das gleiche: es geht um Werbung, die sich dem redaktionellen Umfeld anpasst. Ansonsten bietet das Online-Advertorial die gleichen Stärken wie andere digitale Werbung: Zielgenauigkeit, wenig Streuverluste und relativ hohe Aufmerksamkeit beim User. Zudem hilft die Nennung des Unternehmens sowie die Verlinkung in einem Online Advertorial der **Suchmaschinenoptimierung** – denn der Link stammt von einem Fachmedium, das in der Regel auch Ihr Thema sowie Ihre Branche behandelt. Aber es stimmt, im Vergleich zur redaktionellen Berichterstattung (die in der Regel von den Redakteuren angepasst wird und deren Platzierung nicht so hochwertig ist) ist das Online Advertorial natürlich kostspieliger.

Das B2B-Marketing steht vor der Herausforderung, erklärungsbedürftige Produkte zu vermarkten. Häufig müssen diese Produkte für einzelne Kunden angepasst bzw. modifiziert werden. Auf Käuferseite besteht zudem immer dann ein besonders hoher Informationsbedarf, wenn erhebliche Investitionen getätigt werden müssen. In einer solchen Situation müssen die einzelnen Personen des Buying Center größtmöglich rational überzeugt werden. B2B-Werbung muss deshalb informativ und nützlich angelegt sein. Hier setzt ein gutes Advertorial an. Denn während Anzeigen und Banner lediglich einen Impuls geben können, um sich mit einem Thema auseinanderzusetzen, liefert das Advertorial die Information gleich mit. Advertorials gehen damit auf die Interessen und Bedürfnisse einer Zielperson des Buyer Center ein und sind damit wohl das effektivste Werbeformat für das Content-Marketing [vgl. Furth/Griebsch 2021].

4.2.4   Display Advertising

Display Advertising, auch als **Bannerwerbung** bezeichnet, ist die Einblendung von Werbemitteln auf Webseiten Dritter verstanden, wobei diese per Hyperlink mit dem Internetangebot des Werbetreibenden verknüpft ist. Beim Display Advertising geht es um alle Werbeanzeigen, die auf Websites im Internet gebucht werden können. Display Advertising ist auf fast jeder Webseite zu finden und kann in Textform, Bild oder als Video an den unterschiedlichsten Stellen vorkommen. Dieses digitale Kommunikationsinstrument bildet das Zentrum der Online-Werbung. Es lässt sich nochmals in *In-Stream Video Ads* (Online Video Advertising) und in *In-Page Ads* sowie in Sonderformen unterteilen.

Zur Gruppe der *In-Page Ads* zählt vor allem der **Banner** als derzeit am weitesten verbreitete Werbeform. Das Banner ist eine grafische Darstellung mit der Möglichkeit zur Interaktion, die durch eine Verknüpfung bzw. Verbindung zu einer anderen Website ermöglicht wird. Eine Differenzierung der Vielzahl von existierenden Bannern kann nach der Funktionalität (z. B. statische, animierte oder transaktive Banner), der Software bzw. Programmiersprache (DHTML-, Java-, Flash-und Shockwave-Banner) oder nach dem Erscheinungsbild (z. B. Blend Banner, Bouncing Banner, Expanding Banner, Flying Banner, PopUp Banner) vorgenommen werden [vgl. Roddewig 2003, S. 15].

4.2.5   E-Mail Advertising

E-Mail Advertising ist Teil des **Direktmarketings** und beruht ausschließlich auf der Arbeit mit digitalen Nachrichten. Das **Direktmarketing** (auch als *Direktwerbung* bezeichnet) umfasst alle Kommunikationsmaßnahmen, die darauf ausgerichtet sind, durch eine gezielte Einzelansprache einen direkten Kontakt zum Adressaten herzustellen. Wichtigste Zielsetzung des Direktmarketings im B2B-Sektor ist die gezielte Information von Interessenten und die intensivere Betreuung bestehender Kunden (Kundenbindung) [vgl. Holland 2015, S. 4].

Der „klassische" elektronische Brief wird sowohl individuell zur Erzeugung von Response als auch als Massen-E-Mail insbesondere auch für die Verbreitung von Werbebotschaften (Awareness) eingesetzt. Dies geschieht in der Regel durch die Versendung eines regelmäßigen **Newsletters**. Dabei verursachen E-Mails im Vergleich zu traditionellen postalischen Mailings einen reduzierten Zeit- und Kostenaufwand. Einen hohen Stellenwert nimmt der Einsatz von E-Mail Advertising im Rahmen der Kundenbindung, Kundenakquisition und dem Vertrieb ein. Werblich gesehen entspricht dies dem Adresskauf bzw. bezahlten Platzierungen, um dem Instrument auch in der werblichen Ansprache seinen Platz zu geben.

4.2.6   Keyword Advertising

Keyword Advertising oder auch **Suchmaschinenwerbung** (engl. *Search Engine Advertising – SEA*) ist eine Internet-Werbeform, bei der Textanzeigen auf den Webseiten neben und über den Suchergebnissen, abhängig von den individuellen Schlüsselwörtern (Keywords), angezeigt werden. B2B-Unternehmen haben die Möglichkeit, ihr Produkt-

und Leistungsangebot und ihre Website mit Suchbegriffen zu verbinden, die für ihr Angebot relevant sind. Diese Online-Werbeform schließt Streuverluste weitgehend aus und zeichnet sich durch eine hohe Kostentransparenz aus, da der Werbende nur dann bezahlt, wenn ein Interessent auf das entsprechende Suchergebnis klickt (*Pay per Click*).

Eine Schlüsselstellung in der Online-Werbung erhält das Suchmaschinen-Marketing auch dadurch, dass die Suchmaschinen mit deutlichem Abstand die beliebtesten Startseiten im Internet sind, d.h. mehr als die Hälfte der Internet-Nutzer öffnet zunächst eine Suchmaschine als Startseite ihres Internet-Browsers, wenn sie online geht. Dazu räumen die meisten Suchmaschinen oberhalb und rechts der Suchergebnisse die Möglichkeit ein, Textanzeigen zu platzieren. Die Anzeigen erscheinen jeweils, wenn bei der Websuche ein Suchbegriff benutzt wird, der für das werbetreibende Unternehmen relevant und im Vorfeld definiert worden ist (Beispiel: Ein Maschinenbauer schaltet Anzeigen für den Begriff „Revolver- und Automatenbank"). Berechnet werden jeweils nur die Klicks auf die Textanzeige. Der Klickpreis wird in einer Art Auktionsverfahren bestimmt: Jeder Anzeigenkunde legt fest, wie viel er für einen Klick pro Suchbegriff zu zahlen bereit ist. Je mehr Mitbewerber sich für den gleichen Suchbegriff interessieren, desto höher gehen die Gebote und desto teurer wird der Klick.

4.2.7   Affiliate Advertising

Beim **Affiliate Advertising** handelt es sich mehr um eine Online-Vertriebskooperation als um eine Werbeform im eigentlichen Sinne. Die Teilnehmer dieser Kooperation sind der *Merchant* (Anbieter) und *Affiliate* (Partner). Der Merchant stellt dem Affiliate Werbemittel (in der ursprünglichen Form) oder Teile seines Angebots zur Verfügung, die dann auf den Webseiten des Affiliate (z. B. Amazon) eingebunden werden.

Es entsteht eine Win-Win-Situation für beide Parteien: Der Merchant kann seine Vertriebsreichweite sowie seine Markenpräsenz steigern, der Affiliate erhält dafür eine Provision. Je nach Vereinbarung entstehen dem Merchant nur Kosten für eine von ihm festgelegte Leistung. Dies kann in Form einer Umsatzbeteiligung (*Pay per Order*), einer Vergütung für einen neuen Besucher (*Pay per Click*) oder für eine Registrierung (*Pay per Lead*) erfolgen [vgl. Roddewig 2003, S. 52 f.].

Ein wichtiges Kriterium für den Merchant bei der Auswahl des Affiliate ist, dass die User-Struktur des zukünftigen Partners mit der eigenen Zielgruppe übereinstimmt. Auch sollte das Akquisitorische Potenzial ausreichen, um eine solche Partnerschaft zu begründen. **Allerdings ist die Einsatzbreite des Affiliate Marketing im B2B-Geschäft überschaubar**.

4.3 Erfolgsmessung im Online-Marketing

Abschließend noch ein Wort zur Erfolgsmessung im Online-Marketing: Die Gestaltung der Online-Angebote immer wieder zu prüfen und den Optimierungsprozess stetig vo-ranzutreiben, ist eine der wichtigsten Aufgaben von Unternehmen, die eine Onlineprä-senz betreiben. Der große Vorteil von Marketingmaßnahmen im Internet ist, dass die Basis, auf der sie ausgeführt werden, nämlich das Internet selbst bzw. die Website, die durch das Internet präsentiert wird, nicht nur die notwendige technische Grundlage zur Durchführung der Marketingmaßnahmen darstellt, sondern auch ein sehr gutes **Kon-trollinstrument** für deren Nutzung ist. Mit anderen Worten, die Wirkung von digitalen Kommunikationsmaßnahmen lässt sich deutlich besser messen, als die von klassischen Kommunikationsinstrumenten.

Ein wesentliches Instrument für die Erfolgskontrolle ist der Einsatz eines **Ad-Servers** bestehend aus speziellen Softwareprogrammen (Reporting-Tools), die die Abwicklung, Steuerung und statistische Aufbereitung von komplexen (Banner-)Kampagnen erlau-ben. Diese Aufbereitung erfolgt in Form von Kennzahlen (engl. *Key Performance Indi-cators – KPIs*). Im Einzelnen sind die in Abbildung 4-06 aufgeführten **Kennzahlen** zur Beschreibung der Qualität für die Werbeplatzvermarktung von Websites von Bedeutung [vgl. Amthor/Brommund 2010, S. 104 f.].

Kennzahl	Messkriterium
Kennzahlen zur Qualität der Werbeplätze:	
Visit	Ununterbrochener Nutzungsvorgang eines Besuchers auf einer Website
Hit	Jeder Zugriff eines Browsers auf ein Element der Website
Page-Impressions	Anzahl der Seitenabrufe
Ad-Impressions	Anzahl der aufgerufenen Seiten einer Website
Ad-Clicks	Häufigkeit des Anklickens einer Werbebotschaft (z. B. Banner)
Click-Through-Rate (CTR)	Verhältnis der Ad-Clicks zu den Ad-Impressions (in Prozent)
Unique Visitor	Bestimmte Person, die innerhalb einer gewissen Zeit, eine oder mehrere Webseiten aufruft
Unique Identified Visitor	Bestimmte Person, die auf der Website registriert ist bzw. er ein Kundenkonto besitzt
Kennzahlen zur Neukundengewinnung:	
Ansprache	Wert der potentiellen Reichweite eines Online-Angebots
Akquisition	Anzahl Kunden, die durch Anklicken einer Werbeanzeige zum Online-Angebot geführt werden
Conversionrate	Prozentualer Anteil der Besucher einer Website mit einer gewünschten Handlung
Kennzahlen zur Kostenkontrolle:	
Cost-per-Click (CPC)	Abrechnungsform für eine Werbetätigkeit auf Basis der erzielten Klicks
Cost-per-Mille (CPM)	Abrechnungsform für eine Werbetätigkeit auf Basis von 1.000 erzielten Kontakten
Cost-per-Order (CPO)	Abrechnungsform für eine Werbetätigkeit auf Basis der erzielten Verkäufe
Cost-per-Conversion (CPC)	Abrechnungsform für eine Werbetätigkeit auf Basis der vereinbarten Handlungen
Kosten pro Zeitintervall	Abrechnungsform für eine Werbetätigkeit auf Basis eines bestimmten Zeitintervalls

[Quellen: Roddewig 2003, S. 152 ff., Amthor 2010, S. 104f., Kreutzer 2012, S. 187 f.]

Abb. 4-06: Wichtige Kennzahlen in der Online-Werbung

54

5. Vertrieb – Optimierung der Kundennähe

Der **Vertrieb** ist die vierte Phase und damit das vierte Aktionsfeld im Rahmen des Vermarktungsprozesses von B2B-Leistungen. Es umfasst im Wesentlichen die Festlegung der Vertriebsformen, die Wahl der Vertriebskanäle und der jeweils einzuschaltenden Vertriebsorgane. Der Vertrieb zielt somit auf die Optimierung der *Kundennähe* [vgl. Lippold 2019a].

Die Notwendigkeit zur Optimierung der Kundennähe und dem damit verbundenen Aufbau einer schlagkräftigen Vertriebsorganisation ergibt sich zwangsläufig durch den Wunsch nach *Ausweitung des potenziellen* Kundenkreises (siehe Abbildung 5-01).

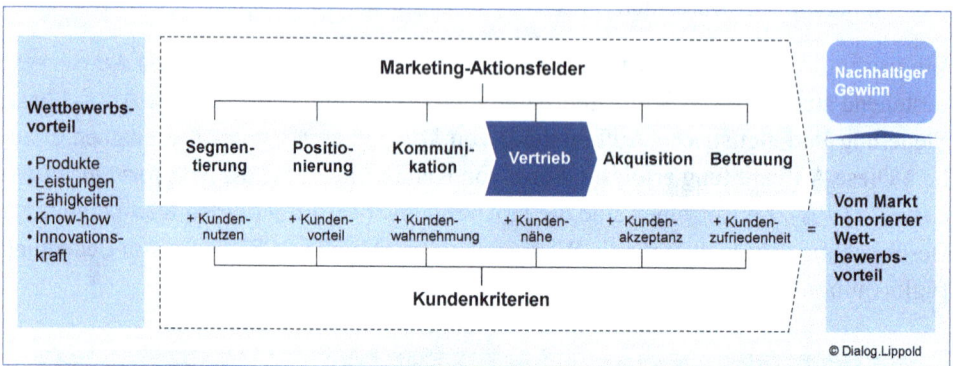

Abb. 5-01: Vertrieb als viertes Aktionsfeld der Marketing-Wertschöpfungskette

Im Mittelpunkt des Aktionsfeldes *Vertrieb* steht der Aufbau eines leistungsfähigen und schlagkräftigen **Vertriebssystems**, das die institutionelle und strukturelle Grundlage der Auftragsgewinnung darstellt. Die Komponenten des Vertriebssystems sind in Abbildung 5-02 dargestellt [vgl. Homburg/Krohmer 2009, S. 830].

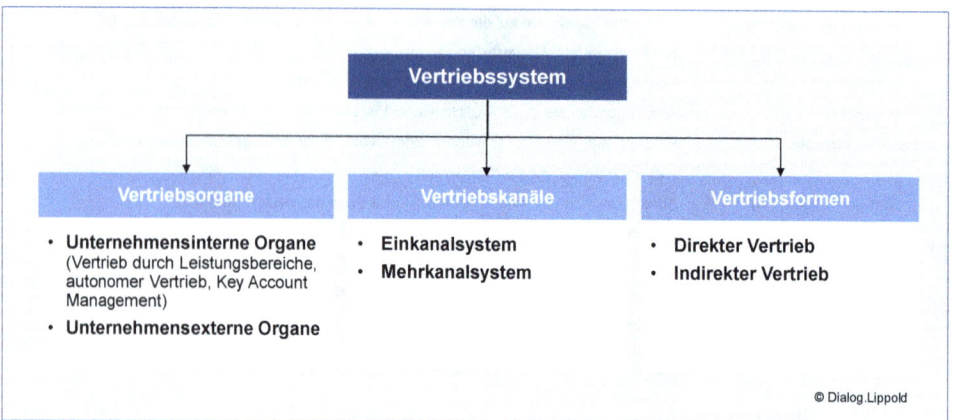

Abb. 5-02: Komponenten des Vertriebssystems

5.1 Vertriebsorgane

Zu den Vertriebsorganen zählen alle unternehmens*internen* und unternehmens*externen* Personen, Abteilungen und Institutionen, die an den Vertriebsaktivitäten beteiligt sind.

5.1.1   Unternehmensinterne Vertriebsorgane

Unter räumlich-organisatorischen Gesichtspunkten lassen sich die **unternehmensinternen Distributionsorgane** in den *Vertriebsinnendienst* und in den *Vertriebsaußendienst* unterteilen.

Zu den Abteilungen der **Innenorganisation** zählen im Allgemeinen

– die **zentrale Vertriebsleitung** (Vertriebsmanagement) zur Steuerung und Kontrolle aller Vertriebsaktivitäten sowie zur Herbeiführung besonders wichtiger Verkaufsabschlüsse,

– der **akquisitorische Vertriebsinnendienst** mit direktem Kontakt zu (wichtigen) Kunden inkl. *Inbound Call Center*,

– der **administrative Vertriebsinnendienst** für die Auftragsabwicklung (Vertriebslogistik) und ggf. in Verbindung mit einer E-Commerce-Abteilung für die Abwicklung des internetgestützten Vertriebs,

– die **Versandabteilung** für die versandtechnische Abwicklung des Verkaufs sowie

– der **Kundendienst** für die Auskunftserteilung bei auftretenden Problemen und die Erbringung von Reparatur- und Wartungsdienstleistungen.

Der **Vertriebsaußendienst**, der häufig regional gegliedert und in Niederlassungen zusammengefasst ist, ist in seiner Region verantwortlich für

– die **Akquisition** von Neukunden,
– die **Pflege** des vorhandenen Kundenstamms,
– die **Betreuung** von Vertriebspartnern (z. B. Händler) sowie für
– das **Key Account Management** (Betreuung von Groß- bzw. Schlüsselkunden).

Bei der **unternehmensinternen Vertriebsorganisation** geht es sehr häufig um die zentrale Frage, ob der Vertrieb aus dem Leistungsbereich heraus wahrgenommen wird oder ob der Vertrieb über eine eigenständige organisatorische Einheit erfolgen soll. Größere Unternehmen bevorzugen in der Regel den „institutionellen" Ansatz, d. h. die Akquisition von Neukunden, die Pflege des vorhandenen Kundenstamms, die Betreuung von Vertriebspartnern (z. B. Händler) sowie das Key Account Management (Betreuung von Groß- bzw. Schlüsselkunden) werden von einer hierfür vorgesehenen organisatorischen Einheit wahrgenommen.

5.1.2 Unternehmensexterne Vertriebsorgane

Bei den **unternehmensexternen Distributionsorganen** muss differenziert werden zwischen *unternehmensgebundenen* Organen und *unabhängigen* Distributionsorganen.

Zu den **unternehmensgebundenen Organen**, bei denen eine wirtschaftliche Abhängigkeit zum Unternehmen vorliegt, zählen insbesondere

- **Vertragshändler**, die zwar rechtlich selbständig, aber voll in die Vertriebsstrategie des Anbieters eingebunden sind (z. B. Vertragshändlersysteme in der Automobilbranche oder der Mineralölvertrieb über Tankstellen) sowie

- **Franchise-Systempartner**, der mit Abschluss eines entsprechenden Vertrages das Recht sowie die Pflicht zu einer Beteiligung am Marktauftritt des Franchise-Gebers und damit zur Nutzung des Marketingkonzeptes des Anbieters übernimmt. Das Franchising ist im B2B-Bereich allerdings eher die Ausnahme.

Bei den **unternehmensexternen Vertriebsorganen**, die letztlich nur für solche Unternehmen interessant sind, die gleichzeitig auch im Produktgeschäft tätig sind, handelt es sich vornehmlich um Distributoren und Value-Added-Reseller (VAR).

5.1.3 Vertriebliche Qualifikationen

Alle bislang genannten vertrieblichen Aufgaben machen nur ansatzweise deutlich, welche vergleichsweise hohen Anforderungen an die Qualifikation des Vertriebsmanagements von B2B-Unternehmen in aller Regel zu stellen sind. Im Geschäft mit komplexen Produkten und Leistungen ist neben dem erforderlichen betriebswirtschaftlichen Anwendungswissen häufig auch ein sehr fundiertes systemtechnisches Know-how erforderlich.

Um hochgesteckte Vertriebsziele zu erreichen, reicht es daher nicht aus, die Vertriebsorganisation rein zahlenmäßig auf- bzw. auszubauen. Es ist vielmehr zusätzlich zu gewährleisten, dass die Vertriebsmitarbeiter den hohen Informations- und Beratungsansprüchen mit einem umfassenden Wissensstand und hinreichender **Kompetenz** entsprechen. Damit ist neben der quantitativen Dimension, die sich allein durch Wachstumsambitionen ergibt, auch das Qualifikationsproblem angesprochen. Mitarbeiter eines Direktvertriebs treten dem Kunden i. d. R. mit einem größeren Problemverständnis gegenüber als eine indirekte Vertriebsorganisation, deren Beratungsleistung häufig zu wünschen übriglässt. Wesentlicher Vorteil des Direktvertriebs ist seine Akzeptanz als kompetenter **Problemlöser**, denn nur für die Vertriebsmitarbeiter der eigenen Organisation lassen sich ein umfassender Wissensstand und eine hinreichende Qualifikation sicherstellen. Daher ist es auch nicht verwunderlich, dass im B2B-Bereich in aller Regel der direkte Vertrieb vorherrscht [vgl. Strothmann/Kliche 1989, S. 17 f.].

Da derartige Ansprüche meist schon bei Kontaktaufnahme an den Vertriebsmitarbeiter gestellt werden, müssen die Anbieter darauf bedacht sein, dass gleich zu Beginn des

Auswahl- und Entscheidungsprozesses die Kompetenz des Vertriebsmitarbeiters eine Assoziation zur Leistungsstärke des Anbieterunternehmens auf dem Gebiet der nachgefragten Problemlösung auslöst. In diesem Kontext ist auch die Erfahrung einzuordnen, dass der Verkäufer die Sache (also die Leistung) zunächst immer über die (eigene) Person verkauft.

5.1.4 Fach- und Beziehungskompetenz

Zu dem fachlichen Informationsanspruch, den die Entscheidungsgremien auf der Kundenseite an den Vertrieb stellen, kommen noch die typischen kaufmännischen Gesprächsthemen wie Preise, Fertigstellungstermine, Zahlungsmodalitäten bis hin zu juristischen Feinheiten der Angebots- und Vertragsgestaltung hinzu.

Darüber hinaus hängt der Erfolg des persönlichen Verkaufs neben der Persönlichkeit in hohem Maße von der Fachkompetenz (→ Fachebene) und den interaktionsbezogenen Fähigkeiten (→ Beziehungsebene) des Verkäufers ab. Ein wichtiger Erfolgsfaktor ist dabei die angemessene Veränderung des Verkäuferverhaltens innerhalb einer Interaktion mit dem Kunden. Eine derartige flexible Vorgehensweise während des Verkaufsgesprächs wird auch als **Adaptive Selling** bezeichnet.

In Abbildung 5-03 sind die entsprechenden Kompetenzen eines Key Account Managers beispielhaft in einer Matrix zusammengestellt.

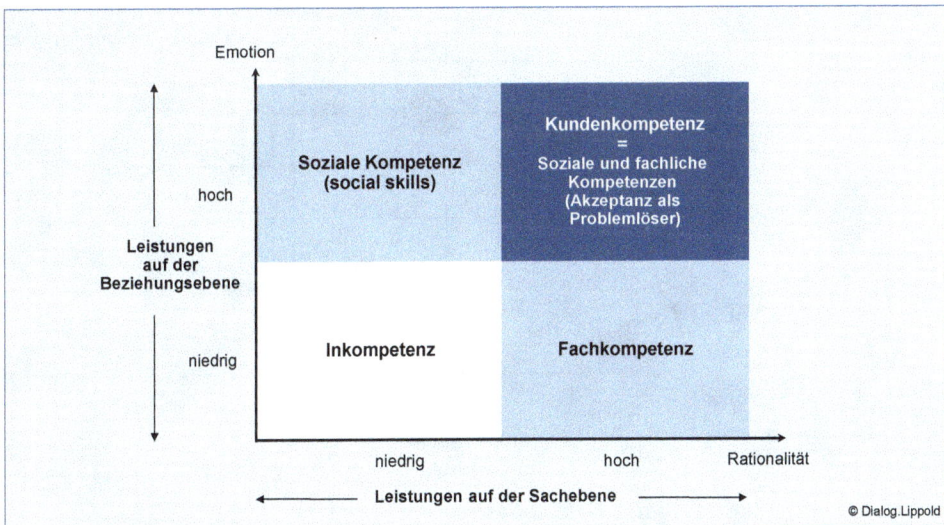

Abb. 5-03: Kompetenzen eines Key Account Managers

So müssen bspw. **Key Account Manager** nicht nur die Produkte ihres Unternehmens und deren Nutzen verstehen und dem Kunden vermitteln können, sondern sie benötigen Branchen- und Marktkenntnisse genauso wie kaufmännisches Wissen, um gut beraten und überzeugen zu können. Hilfreich ist auch, über Wissen in benachbarten Bereichen wie Logistik, Produktion oder Produktentwicklung zu verfügen. Strategisches Denken ist für die Entwicklung von Konzepten und Ideen unerlässlich. Der Erfolg oder die Leistung des Key Account Managers wird gemessen an der verkauften Stückzahl oder dem Umsatz in einem bestimmten Zeitraum, den verhandelten Preiskonditionen und der Kundenzufriedenheit.

Ein Ansatz zur systematischen Einordnung des Verkäuferverhaltens bzw. des Verkaufsstils ist in dem so genannten **GRID-System** zu sehen. In diesem „Verkaufsgitter" werden die unterschiedlichen Ausprägungen im Verkaufsstil auf der Basis von den beiden Kriterien Verkaufsorientierung und Kundenorientierung erfasst. Das Kriterium **Kundenorientierung** beschreibt das Bemühen um den Kunden als sozio-emotionale Orientierung, das Kriterium **Verkaufsorientierung** zeigt als sachlich-rationale Orientierung das Interesse am Kaufabschluss auf. Beide Kriterien werden mit ihren unterschiedlichen Ausprägungen mit jeweils neun Stufen auf zwei Achsen erfasst. Somit lassen sich theoretisch 81 verschiedene Verkaufsstile abbilden.

Abbildung 5-04 zeigt eine vereinfachte Darstellung dieses Verkaufsgitters.

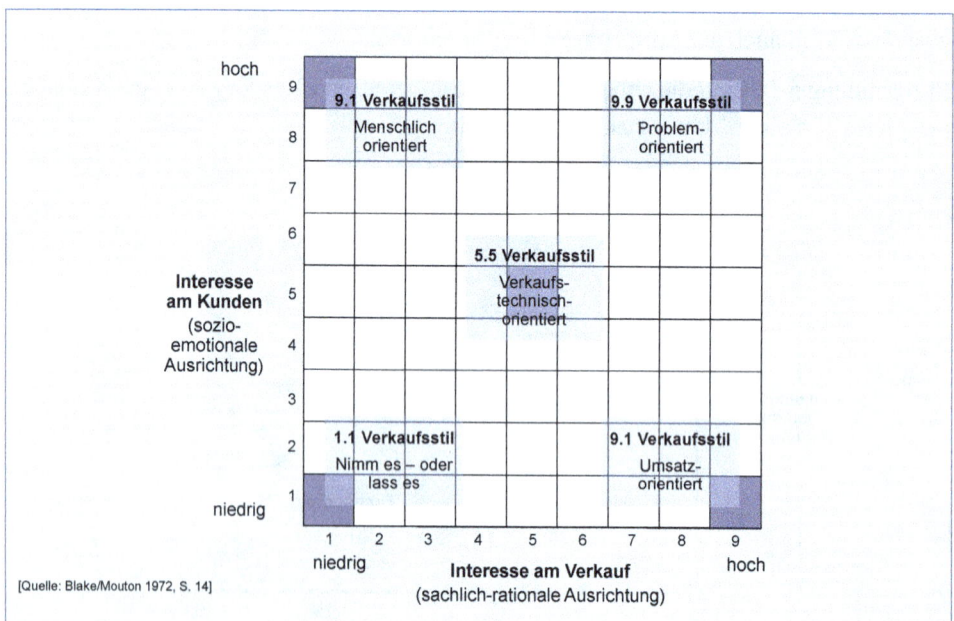

Abb. 5-04: Das Verkaufsgitter (GRID-System)

Das dargestellte Verkaufsgitter ist eine Sonderform des **Verhaltensgitter-Modells** (engl. *Managerial Grid*), das 1960 von Robert Blake und Jane Mouton im Rahmen eines Führungstrainings für Exxon entwickelt wurde.

Während Blake und Mouton ausschließlich die Position 9.9 als erstrebenswert ansehen, ist doch die Frage zu stellen, ob ein Verkaufsstil 9.9 überhaupt praktizierbar ist. Eher lässt sich die These vertreten, dass erfolgreiche Vertriebsarbeit durch einen Verkaufsstil gekennzeichnet ist, der rechts der Diagonale zwischen den Positionen 1.9 und 9.1 liegt. Ohnehin ist grundsätzlich zu fragen, ob zweidimensionale Erklärungsansätze überhaupt in der Lage sind, die Komplexität von Verkaufsprozessen abzubilden, ohne die situativen Rahmenbedingungen zu berücksichtigen [vgl. Steinmann/Schreyögg 2005, S. 662 f.; Hungenberg/Wulf 2011, S. 371].

5.2 Vertriebsformen

Die Vertriebs- bzw. Distributionsform steht im unmittelbaren Zusammenhang mit den Vertriebskanälen und betrifft die Auswahlentscheidung zwischen direktem und indirektem Vertrieb. Der *direkte Vertrieb* liegt vor, wenn der Hersteller den Absatz seiner Produkte und Leistungen mit unternehmenseigenen Organen durchführt. Beim indirekten Vertrieb schaltet der Hersteller unternehmensfremde, rechtlich selbstständige Vertriebsorgane ein. Wird nur eine externe Handelsstufe eingeschaltet, so spricht man von einem einstufigen indirekten Vertrieb. Ein zwei- oder mehrstufiger Vertrieb liegt vor, wenn zwei oder mehrere Handelsstufen für den Absatz eines Produktes in Anspruch genommen werden. Abbildung 5-05 zeigt die wichtigsten Vertriebsformen im Überblick.

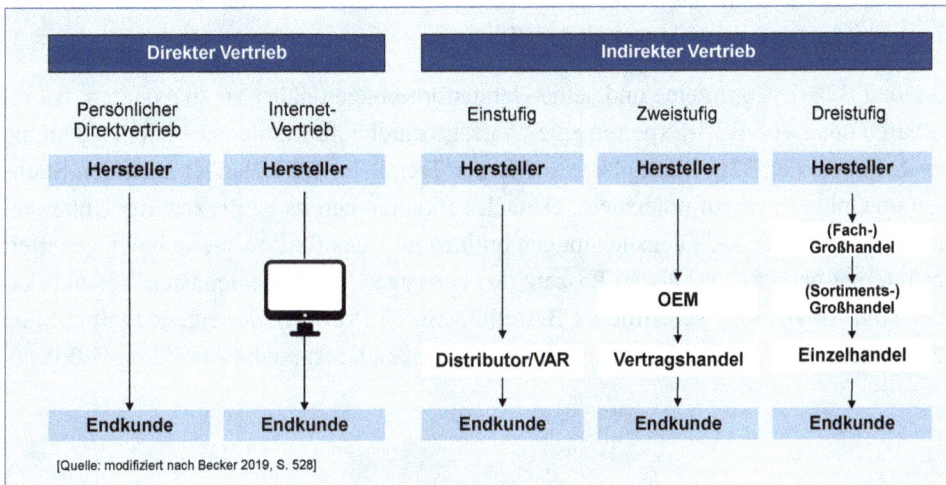

Abb. 5-05: Typische Vertriebsformen

5.2.1 Direkter Vertrieb

Eindeutig vorherrschende Vertriebsform im B2B-Geschäft ist der **direkte Vertrieb**. Er ist dadurch gekennzeichnet, dass der Anbieter den Absatz seiner Leistungen in eigener Regie, also mit seinen unternehmenseigenen Vertriebsorganen durchführt. Einer der

Hauptgründe für den Vertrieb über die eigene Organisation liegt in der absoluten **Loyalität** der eigenen Vertriebsmitarbeiter, die sich ausschließlich für die Vermarktung des eigenen Produkt- und Leistungsprogramms einsetzen können und müssen. Ein weiteres Argument für den Direktvertrieb ist die erforderliche **Kenntnis** beim Vertrieb dieser höchst erklärungsbedürftigen Dienstleistungen. Diesen Vorteilen des direkten Vertriebs stehen allerdings auch **kosten- und kapazitätsmäßige Nachteile** gegenüber. Die Personalkosten für die eigene Vertriebsorganisation müssen im Wesentlichen als fix angesehen werden, da eine kapazitätsmäßige Personalanpassung an Markt- bzw. Nachfrageschwankungen nur in sehr engen Grenzen möglich ist. Da sich im B2B-Geschäft ein (komplexes) Kundenproblem manchmal nicht allein mit den Leistungen (und Produkten) eines einzelnen Anbieters lösen lässt, ist der Direktvertrieb zudem gezwungen, in Generalunternehmerschaften oder ähnliche Vertragskonstruktionen einzusteigen.

Auch der **Online-Vertrieb**, der seinem Wesen nach dem direkten Vertrieb zuzuordnen ist, gelangt zunehmend in den Fokus des B2B-Marketings. Schließlich beschäftigen sich immer mehr Hersteller mit der Digitalisierung ihres Vertriebs und insbesondere der Vertriebskanäle. Diese werden beim Handel mit Geschäfts- und Firmenkunden immer wichtiger, um im internationalen Wettbewerb bestehen zu können. Bisherige Untersuchungen im Umfeld des **E-Commerce** beschränken sich hauptsächlich auf das Geschäft mit den privaten Endverbrauchern. Jedoch gewinnt der B2B-E-Commerce, also der Handel zwischen Unternehmen über das Internet, in den letzten Jahren stark an Bedeutung und rückt immer stärker in das Blickfeld der Unternehmen, Dienstleister oder auch der Plattformanbieter [vgl. Wittmann et al. 2019].

Um den B2B-E-Commerce und seine Herausforderungen näher zu analysieren, hat ibi research unter 165 B2B-Experten eine Umfrage durchgeführt, die neben der Bedeutung der E-Shops, der B2B-Marktplätze sowie der Trends im B2B-Handel auch den Status quo im Online-Verkauf untersucht. Danach verkaufen bereits 82 Prozent der Unternehmen ihre Produkte und Dienstleistungen online und jedes fünfte Unternehmen generiert im Internet bereits mehr als 50 Prozent des Umsatzes. Die bedeutendsten Vertriebskanäle sind Abwicklung schriftlicher Bestellungen (57 Prozent), der eigene Online-Shop (52 Prozent) und der Direktvertrieb durch den Außendienst (siehe Abbildung 5-06).

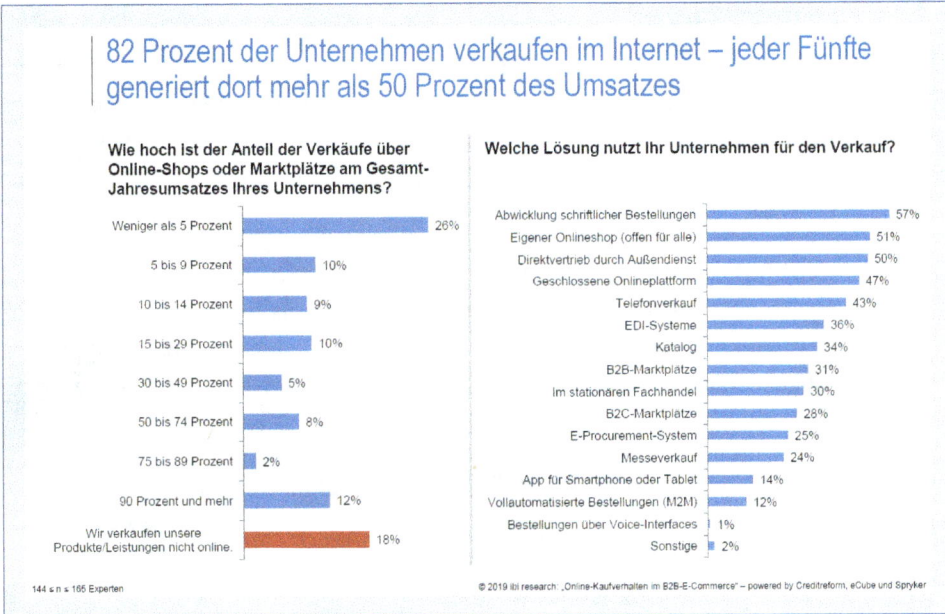

82 Prozent der Unternehmen verkaufen im Internet – jeder Fünfte generiert dort mehr als 50 Prozent des Umsatzes

Wie hoch ist der Anteil der Verkäufe über Online-Shops oder Marktplätze am Gesamt-Jahresumsatzes Ihres Unternehmens?

Weniger als 5 Prozent	26%
5 bis 9 Prozent	10%
10 bis 14 Prozent	9%
15 bis 29 Prozent	10%
30 bis 49 Prozent	5%
50 bis 74 Prozent	8%
75 bis 89 Prozent	2%
90 Prozent und mehr	12%
Wir verkaufen unsere Produkte/Leistungen nicht online.	18%

Welche Lösung nutzt Ihr Unternehmen für den Verkauf?

Abwicklung schriftlicher Bestellungen	57%
Eigener Onlineshop (offen für alle)	51%
Direktvertrieb durch Außendienst	50%
Geschlossene Onlineplattform	47%
Telefonverkauf	43%
EDI-Systeme	36%
Katalog	34%
B2B-Marktplätze	31%
Im stationären Fachhandel	30%
B2C-Marktplätze	28%
E-Procurement-System	25%
Messeverkauf	24%
App für Smartphone oder Tablet	14%
Vollautomatisierte Bestellungen (M2M)	12%
Bestellungen über Voice-Interfaces	1%
Sonstige	2%

144 ≤ n ≤ 165 Experten

© 2019 ibi research: „Online-Kaufverhalten im B2B-E-Commerce" – powered by Creditreform, eCube und Spryker

Abb. 5-06: Anteil der Online-Verkäufe im B2B-Bereich

Nach Einschätzung der Befragten werden im Jahr 2025 mehr als die Hälfte der B2B-Verkäufe online getätigt werden. Die stärksten Treiber für den Online-Verkauf sind die Digitalisierung von Prozessen, der erwartete Zusatzumsatz und die Gewinnung neuer Kundengruppen (siehe Abbildung 5-07).

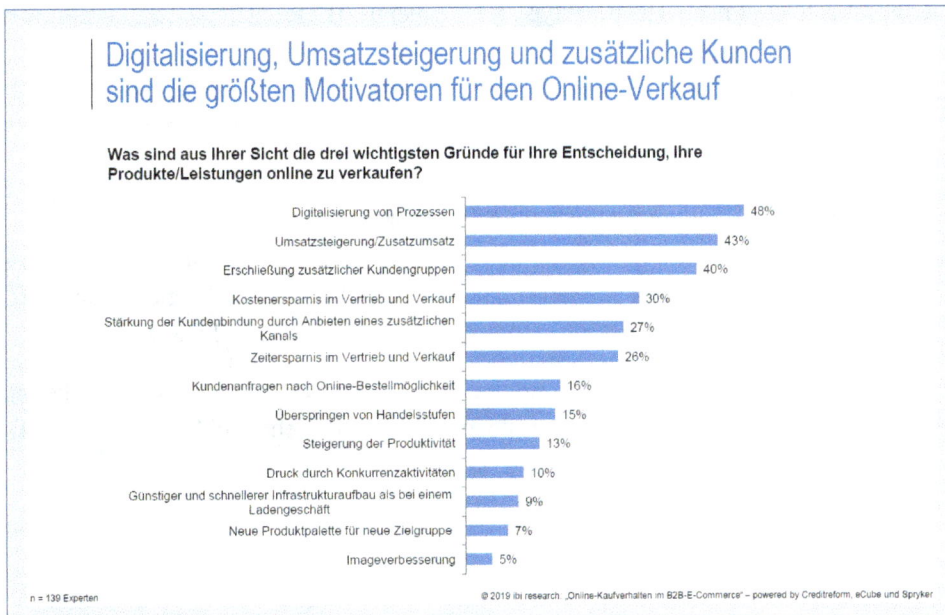

Digitalisierung, Umsatzsteigerung und zusätzliche Kunden sind die größten Motivatoren für den Online-Verkauf

Was sind aus Ihrer Sicht die drei wichtigsten Gründe für Ihre Entscheidung, Ihre Produkte/Leistungen online zu verkaufen?

Digitalisierung von Prozessen	48%
Umsatzsteigerung/Zusatzumsatz	43%
Erschließung zusätzlicher Kundengruppen	40%
Kostenersparnis im Vertrieb und Verkauf	30%
Stärkung der Kundenbindung durch Anbieten eines zusätzlichen Kanals	27%
Zeitersparnis im Vertrieb und Verkauf	26%
Kundenanfragen nach Online-Bestellmöglichkeit	16%
Überspringen von Handelsstufen	15%
Steigerung der Produktivität	13%
Druck durch Konkurrenzaktivitäten	10%
Günstiger und schnellerer Infrastrukturaufbau als bei einem Ladengeschäft	9%
Neue Produktpalette für neue Zielgruppe	7%
Imageverbesserung	5%

n = 139 Experten

© 2019 ibi research: „Online-Kaufverhalten im B2B-E-Commerce" – powered by Creditreform, eCube und Spryker

Abb. 5-07: Die größten Motivatoren für den Online-Verkauf

5.2.2   Indirekter Vertrieb

Obwohl der direkte Vertriebsweg im B2B-Geschäft vorherrscht, gibt es aus Sicht der Herstellerunternehmen mehrere Optionen, Produkte und Leistungen auch indirekt zu distribuieren. Der indirekte Vertrieb liegt dann vor, wenn in die Distributionskette zwischen Hersteller und Endabnehmer unternehmensfremde, rechtlich und wirtschaftlich selbständige **Absatzmittler** eingeschaltet werden.

Diese Vertriebsform ist im B2B-Geschäft besonders für Unternehmen, die überwiegend im **Produktgeschäft** tätig sind, eine überlegenswerte Alternative. So liegt bei der Erstellung von Produkten ein ganz anderes Geschäftsmodell zugrunde als bei typischen Projektleistungen. Entsprechend ist der Absatz von (standardisierten) Produkten typischerweise über folgende Vertriebskanäle organisiert:

- Vertrieb über Händler/Distributoren (insbesondere im IT-Bereich)
- Vertrieb über Value-Added-Reseller (VARs)
- Vertrieb über Original Equipment Manufacturer (OEMs)
- Strategische Allianzen.

Vertrieb über Großhändler/Distributoren. Großhändler sind Unternehmen, die Produkte in eigenem Namen an andere Handelsbetriebe, Weiterverarbeiter, gewerbliche oder behördliche Verwender verkaufen und ggf. entsprechende Dienstleistungen dazu anbieten.

Der wichtigste Großhandelsbetriebstyp im IT-nahen B2B-Geschäft ist der **Distributor**. Er kauft vom Hersteller Produkte ein und verkaufen diese nahezu unverändert an andere Händler oder an Endkunden weiter. Neben dem Vertrieb der Produkte übernimmt der Händler/Distributor auch die Beratung und Betreuung der Kunden und ggf. die entsprechende Werbung und Verkaufsförderung.

Der Vertrieb über Händler/Distributoren ist für das Herstellerunternehmen i. d. R. immer dann vorteilhaft, wenn es sich um ein relativ geringes Umsatzvolumen pro Transaktion und um geografisch große Märkte handelt, die sich mit einem Direktvertrieb wirtschaftlich nicht sinnvoll abdecken lassen [vgl. Godefroid/Pförtsch 2008, S. 265 ff.].

Weitere wichtige Betriebstypen des Großhandels mit Relevanz für das B2B-Marketing sind der Zustellgroßhandel, Streckengroßhandel, der Sortimentsgroßhandel und vor allem der Spezialgroßhandel.

- Der **Zustellgroßhandel** liefert Produkte auf Bestellung selbst oder durch von ihm beauftragte Transportunternehmen an den Einzelhandel aus (z. B. Grossisten im Buchhandel, Getränkespezialgroßhandel);

- Der **Streckengroßhandel** wickelt die Aufträge seiner Kunden direkt über seine Lieferanten ab und leistet daher keine Lageraufgaben. Dieser Großhandelstyp hat eine große Bedeutung bei großvolumigen Produkten (z. B. im Baustoffhandel).

- Der **Sortimentsgroßhandel** bietet dem Einzelhandel ein breit differenziertes Sortiment ohne wesentliche Schwerpunkte an. Der Sortimentsgroßhandel bezieht seine Produkte von Spezialgroßhändlern und Importeuren sowie aus der Industrie.

- Der **Spezialgroßhandel** konzentriert sein Angebot auf ein schmales, aber tiefes Sortiment. Beispiele sind der Pharmagroßhandel, der Großhandel mit Druckerzeugnissen oder der Schrotthandel.

Vertrieb über Value-Added-Reseller. Der indirekte Vertrieb über *Value-Added-Reseller* geht einen Schritt weiter als der Vertrieb über Distributoren. Während der Distributor das Produkt weitgehend unverändert anbietet, „veredelt" der VAR das Produkt durch wesentliche eigene Komponenten und bietet dem Käufer eine vollständige Lösung an, bei der er das Produkt des Herstellers „mitverkauft" und dafür eine Vermittlungsprovision erhält. Der entscheidende Unterschied zum Distributor besteht darüber hinaus darin, dass der VAR auf Rechnung des Herstellers verkauft und damit nicht Eigentümer der Ware wird. Aufgrund der Komplexität und Erklärungsbedürftigkeit der angebotenen Leistungen sind die indirekten Vertriebswege vornehmlich durch **zwischenbetriebliche Kooperationen** gekennzeichnet. Hierzu zählt neben dem Vertrieb über Händler/Distributoren oder Value-Added-Reseller vor allem die Bildung von strategischen Allianzen.

Vertrieb über OEMs. Als **Original Equipment Manufacturer** (OEM) werden Unternehmen bezeichnet, die Produkte bzw. Komponenten des Herstellers in ihre eigenen Produkte einbauen. Für den Endkunden ist nicht so ohne weiteres erkennbar, welche Komponenten der OEM in seinen Produkten verwendet. OEMs sind für die Herstellerunternehmen zwar sehr wichtige, aber durchaus auch schwierige Partner. Dies gilt insbesondere dann, wenn der OEM über eine entsprechende Marktposition gegenüber dem Herstellerunternehmen verfügt und diesem dadurch erhebliche Preiszugeständnisse abringen kann. Ein Beispiel hierzu ist die Automobilbranche, in der die Automobilhersteller (also die OEMs) in Krisenzeiten häufig die Preise für die Zulieferindustrie diktieren. Einerseits ist der indirekte Vertrieb über OEMs aufgrund der hohen Mengenabnahmen sehr lukrativ, andererseits sind die Gefahren nicht zu unterschätzen, wenn der Hersteller in Abhängigkeit von OEMs gerät [vgl. Godefroid/Pförtsch 2008, S. 269].

Strategische Allianzen. Die *strategische Allianz* (auch: strategische Partnerschaft) ist eine besonders intensive Form der Kooperation, bei der beide Partner das Ziel einer langfristigen Steigerung der Rentabilität und Ertragskraft (z.B. durch gemeinsame Markterschließung) verfolgen. Das Management von strategischen Partnerschaften spielt immer dann eine große Rolle, wenn der Anbieter nicht über genügend eigene vertriebliche Ressourcen verfügt. Gleich, ob es sich um eine Vertriebspartnerschaft oder um eine strategische Allianz, ob es sich um ein inländisches oder um ein übernationales Engagement handelt, eine Partnerschaft muss von beiden Seiten „gelebt" und ernst genommen werden. Sie ist nicht zum „Nulltarif" zu bekommen und sollte immer wieder überprüft werden. Ziel einer Partnerschaft – sei es als vertikale Kooperation mit Systemanbietern oder als horizontale Kooperation zwischen Wettbewerbern – ist die Schaffung einer **Win-Win-Situation** für alle Beteiligten [vgl. Lippold 1998, S. 216].

5.4 Vertriebskanäle

Vertriebskanäle entstehen durch die Auswahl und Kombination der obigen Vertriebswege. Die Festlegung der Vertriebskanäle ist *strukturell-bindend*, d. h. sie ist kurz- und mittelfristig nur mit erheblichem organisatorischem Aufwand und entsprechenden Kosten revidierbar. Entscheidungen im Zusammenhang mit der Auswahl der Vertriebskanäle haben also **Grundsatzcharakter**.

5.4.1   Einkanalsystem

Für das B2B-Geschäft sind Mehrkanalsysteme weniger von Bedeutung. Hier dominiert eindeutig das **Einkanalsystem**, d. h. der direkte Vertriebskanal. Lediglich B2B-Unternehmen, die neben ihren Produkten auch Beratungsleistungen gleichzeitig in ihrem Angebotsportfolio haben, verfügen in der Regel über zwei Vertriebskanäle: zum einen den direkten Vertriebskanal für das Projektgeschäft und zum anderen den indirekten Vertrieb über Absatzmittler für das Produktsystem.

5.4.2   Mehrkanalsysteme

Vornehmlich im B2C-Marketing hat sich eine Vielzahl von Distributionskanälen herausgebildet. Begünstigt durch die Möglichkeiten der Online-Vermarktung nutzen diese Unternehmen mehrere Distributionskanäle für den Absatz ihrer Produkte. Solche **Mehrkanalsysteme** (engl. *Multi-Channel*) sind in sehr unterschiedlichen Branchen zu finden (z. B. Fluggesellschaften, Automobilhersteller, Versicherungsgesellschaften).

Allerdings bergen solche Mehrkanalsysteme auch eine Reihe von Konflikten und damit Risiken in sich. **Konflikte** treten immer dann auf, wenn in Wettbewerb stehende Absatzkanäle inkompatible Ziele verfolgen und mit ungenügenden Ressourcen ausgestattet sind. Konflikte können dabei sowohl im horizontalen Wettbewerb als auch im vertikalen Wettbewerb stattfinden.

Horizontale Distributionskanalkonflikte entstehen aus divergierenden Zielvorstellungen zwischen zwei Distributionskanälen. So können Kanalkonflikte zwischen dem bestehenden Außendienst und dem neu eingerichteten Internetkanal eines Unternehmens auftreten. Ein typisches Beispiel dafür sind Versicherungsgesellschaften mit etablierten Außendienstorganisationen, die im künftigen Online-Vertrieb („Direkt-Vertrieb") einen nicht kalkulierbaren Wettbewerb sehen.

Vertikale Distributionskanalkonflikte entstehen meist aufgrund von Ziel-, Rollen-, Macht- und Kommunikationsbeziehungen zwischen den beiden Kooperationspartnern. Die „klassische" Konfliktsituation ist die zwischen Hersteller und Absatzmittler mit divergierenden Zielsystemen. Händler verfolgen das Ziel ihren eigenen Profit zu maximieren, was unter anderem durch eine Erhöhung der Handelsmarge machbar ist. Die Handelsmarge steigt, wenn tiefere Einkaufspreise mit dem Hersteller ausgehandelt werden. Hersteller hingegen versuchen ebenfalls ihren Profit zu maximieren, indem sie vom Zwischenhändler genau das Gegenteil erwarten – nämlich höhere Einkaufspreise [vgl. Schögel/Pernet 2010, S. 150 ff.].

Für die **Wahl eines Mehrkanalsystems** spricht die breitere Marktabdeckung, ein besserer Risikoausgleich, ggf. eine höhere Wirtschaftlichkeit und der Einsatz kundengerechter Methoden. Diesen Chancen stehen aber auch einige Risiken gegenüber. So kann der parallele Einsatz von verschiedenen Kanälen zur Verwirrung der Kunden und zu Konflikten zwischen den Kanälen führen. Auch bestehen die Gefahren des Kontrollverlustes und der Suboptimierung durch die zunehmende Komplexität des Distributionssystems. Während in der Regel eine isolierte Betrachtung des einzelnen Distributionskanals eine ganze Reihe von Vorteilen für den Anbieter erkennen lässt, besteht die Herausforderung des Managements eines Mehrkanalsystems darin, den neuen Distributionskanal in das Distributionssystem zu integrieren [vgl. Schögel/Pernet 2008, S. 5 ff.].

Die Chancen und Risiken von Mehrkanalsystemen sind in Abbildung 5-08 gegenübergestellt.

Chancen von Mehrkanal-Systemen	Risiken von Mehrkanal-Systemen
• **Erhöhte Marktabdeckung** durch Gewinnung neuer Nachfragersegmente und kanalübergreifendes Cross Selling	• **Verwirrung und Verärgerung der Kunden** durch eine nicht integrierte und kanalübergreifende Betreuung
• **Einsatz kundengerechterer Methoden**, da sich die Bedürfnisse der Kunden innerhalb eines Segments deutlich unterscheiden und durch mehrere Kanäle besser angesteuert werden können	• **Konflikte zwischen den Absatzkanälen** reduziert das Vertriebsengagement der Kanäle
	• **Kontrollverlust** durch zu hohe Komplexität
• **Multiple Kundenbindung** durch ein Netzwerk an Geschäfts- und Servicebeziehungen mit dem Kunden	• **Hohe Investitionskosten** beim Aufbau in Verbindung mit einem hohen Koordinationsaufwand
• **Risikoausgleich**, da sich die Abhängigkeit von nur einem Distributionskanal verringert	• Entstehung von **Markenimageirritation** durch fehlende Abstimmung der Distributionskanäle

[Quelle: in Anlehnung an Meffert et al. 2008, S. 580].

Abb. 5-08: Chancen und Risiken von Mehrkanalsystemen

6. Akquisition – Optimierung der Kundenakzeptanz

Ist im Rahmen des Aktionsfeldes *Vertrieb* die Kundenkontaktierung optimiert, so geht es in der *(persönlichen) Akquisition* darum, die vorhandenen Kundenkontakte zu qualifizieren und in Aufträge umzumünzen. Die **Akquisition** ist die fünfte Phase und damit das fünfte Aktionsfeld im Vermarktungsprozess und zielt auf die Optimierung der *Kundenakzeptanz* (siehe Abbildung 6-01).

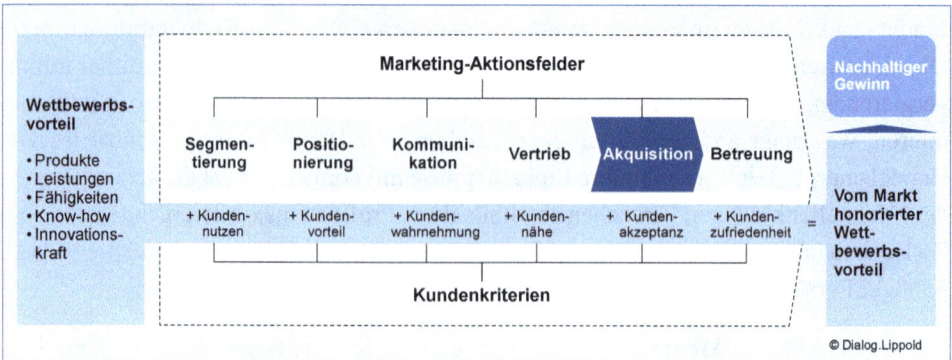

Abb. 6-01: Das Aktionsfeld Akquisition im Rahmen der Marketing-Gleichung

Insbesondere bei erklärungsbedürftigen Produkten und Leistungen zählt der *persönliche Verkauf* zu den wirksamsten, aber zugleich auch zu den teuersten Kommunikationsinstrumenten [vgl. Lippold 2019b].

In vielen Branchen ist die Akquisition – also der **persönliche Verkauf** (engl. *Personal Selling*) – hauptverantwortlich für den Markterfolg. Dies gilt aber nicht nur für die Vermarktung der allermeisten Produkte im B2B-Marketing, sondern auch beim Verkauf erklärungs- und beratungsbedürftiger Produkte gegenüber Privatkunden (z. B. Finanzdienstleistungen, Autos, Immobilien). Die Phase der Akquisition ist dem Vertriebsmanagement zugeordnet (siehe Abbildung 6-02)

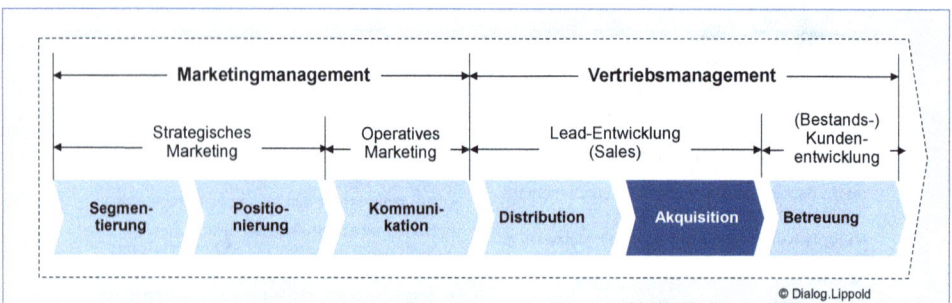

Abb. 6-02: Aufgabenzuordnungen in Verbindung mit der Marketing-Gleichung

Die *Akquisition* ist vielleicht das wichtigste Aktionsfeld nicht nur der Marketing-Gleichung, sondern im B2B-Unternehmen insgesamt, da sie die Existenz des Unternehmens

https://doi.org/10.1515/9783110756807-006

maßgeblich bestimmt. Die wesentliche Aufgabe des persönlichen Verkaufs besteht darin, den kundenseitig verlaufenden Auswahl- und Entscheidungsprozess so zu beeinflussen, dass letztlich der Auftrag gewonnen wird. Die Akquisition ist aber nicht nur wichtig für das Neugeschäft, sondern der bereits erbrachte Nachweis der Leistungsfähigkeit har auch eine verkaufsauslösende Wirkung für das Folgegeschäft. Dieses sog. *Referenz-Selling* ist damit ein aktiver Bestandteil des Aktionsfeldes *Akquisition*.

Im Rahmen des Aktionsfeldes *Akquisition* sollten Antworten auf folgende Fragen gefunden werden [vgl. Lippold 1998, S. 220]:

- Wie läuft der organisationale Kaufprozess ab?
- Wie kann der Akquisitionsprozess strukturiert werden?
- Wie lässt sich die Effizienz des persönlichen Verkaufs steigern?
- Für welche Marketing-Aktivitäten sollte dieses teure Instrument eingesetzt werden?
- Wie lässt sich die Abschlussquote erhöhen?
- Wie kann der Akquisitionszyklus verkürzt werden?

6.1 Akquisitionselemente

Ebenso wie das Marketing sind auch Systematik, Begriffe und Vorgehensweise des klassischen "Verkaufens" sehr stark von der englischsprachigen Literatur geprägt. Daher soll hier zunächst ein einheitliches Verständnis für Begriffe *Selling Center*, *Targeting*, *Cross Selling* und *Key Accounting* geschaffen werden [vgl. Lippold 2019d].

6.1.1 Selling Center

Den teilweise sehr hohen Anforderungen beim Vertrieb von komplexen und höchst erklärungsbedürftigen Investitionsvorhaben kann der Verkäufer in aller Regel nicht mit gleicher Qualität entsprechen. Auch ist es nicht ganz einfach, dem **Buying Center** auf der Käuferseite etwas Adäquates auf der Verkäuferseite gegenüberzustellen. Häufig ist es dann die *Geschäftsführung* selbst, die evtl. vorhandene Defizite im Qualifikationsprofil durch ihre hierarchische Stellung wettmachen kann. Eine weitere Möglichkeit ist darin zusehen, dem Vertriebsmanagement (Vertriebsleiter) Spezialisten, z. B. für systemtechnische oder konzeptionelle Fragen, an die Seite zu stellen. Mit dieser *Teambildung* kann man dem vielfältigen Informationsanspruch der Einkaufsseite ein entsprechendes Gewicht auf der Verkaufsseite gegenüberstellen. Diese multipersonale Form des Verkaufsteams wird auch als **Selling Center** bezeichnet [vgl. Backhaus/Voeth 2010, S. 37 ff.].

Teammitglieder im Vertrieb von komplexen Produkten und Leistungen können Verkäufer, Key Account Manager, System- und Anwendungsspezialisten, Juristen und/oder Finanzierungsfachleute sein.

In Abbildung 6-03 sind die Teammitglieder des *Buying Centers* den entsprechenden Vertriebsrepräsentanten des *Selling Centers* beispielhaft gegenübergestellt [vgl. Bänsch 2002, S. 207 ff.].

Die Darstellung kann als typisch für die meisten größeren Akquisitionsprozesse besonders im Geschäft mit komplexen Produkten und Leistungen (z. B. High Tech-Produkte, Anlagen, Systeme) angesehen werden. Eine etwas vereinfachte Form des Selling Centers ist die Bildung eines **Tandems,** bestehend aus einem Kunden- und einem Konzept- bzw. Fachmanager oder aus einem anwendungsorientierten und einem systemorientierten Verkäufer. Der Vorteil einer solchen Tandemlösung liegt in der Einsparung von Kosten unter Aufrechterhaltung eines arbeitsteiligen Vorgehens [vgl. Lippold 2018g].

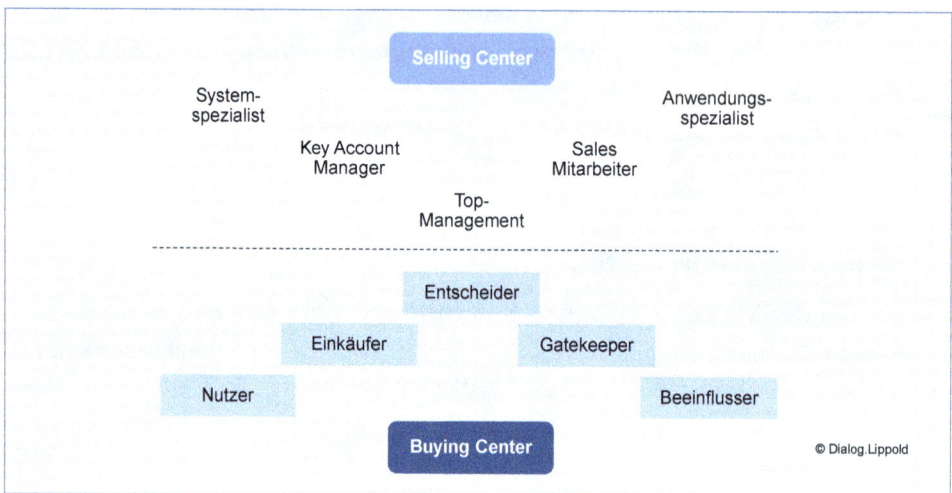

Abb. 6-03: (Modellhafte) Gegenüberstellung von Buying Center und Selling Center

In Abbildung 6-04 sind Anbieter- und Kundenseite im Akquisitionsprozess mit ihren jeweiligen Center-Mitgliedern beispielhaft dargestellt. Dabei wird deutlich, dass sich in Abhängigkeit der Prozessphase die Zusammensetzung des jeweiligen Centers ändern kann.

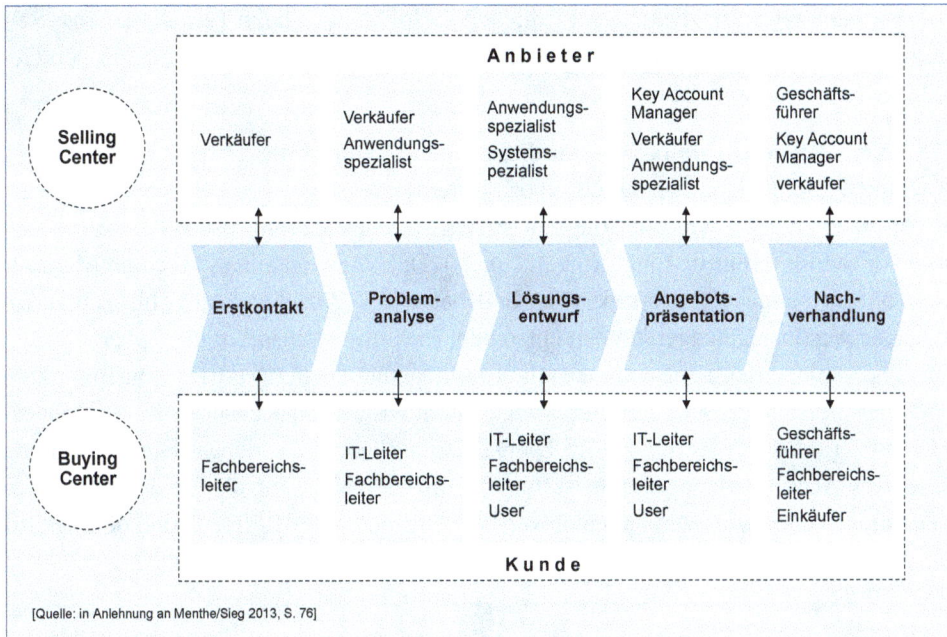

Abb. 6-04: *Buying Center und Selling Center im Akquisitionsprozess (Beispiel)*

6.1.2   Targeting, Cross Selling und Key Accounting

Die gezielte Auswahl und Bestimmung von Unternehmen, die einem bestimmten ziel-gruppen-orientierten Profil entsprechen wird als **Targeting** bezeichnet. Das Besondere an einem Targetingprozess ist die systematische Herangehensweise und das gezielte Nachfassen unter bestimmten Vorgaben, so dass auch das Ergebnis entsprechend ge-messen werden kann.

Unter **Cross Selling** wird die Ausdehnung der bestehenden Kundenbeziehung bzw. der Produktverkäufe einer Geschäftseinheit des Anbieters auf die Produkte und Leistungen anderer (benachbarter) Geschäftseinheiten des Anbieters verstanden.

Absatz-, Umsatzerfolg und Gewinn des Unternehmens hängen häufig stark davon ab, ob es gelingt, bestimmte **Schlüsselkunden** (engl. *Key Accounts*) zu gewinnen und zu halten. Mit solchen Schlüsselkunden (= Großkunden) wird ein nicht unbeträchtlicher Teil des Gesamtumsatzes erzielt. Die Analyse-, Planungs-, Verhandlungs-, Steuerungs- und Koordinationsprozesse, die im Zusammenhang mit der Betreuung von Schlüssel-kunden durchzuführen sind, werden als **Key Accounting** bezeichnet. Diese Aufgaben werden vom so genannten *Key Account Manager* wahrgenommen. Das *Key Account Management* zählt somit zu den wichtigsten Aufgaben des Aktionsfeldes *Akquisition* [vgl. Becker 2019, S. 543].

In Abbildung 6-05 sind die unterschiedlichen Zielrichtungen beim Targeting, Cross Selling und Key Accounting am Beispiel eines Unternehmens mit zwei strategischen Geschäftseinheiten dargestellt.

Der **Key Account Manager** koordiniert den Akquisitionsprozess bei den **Key Accounts**, also bei Kunden, mit denen das Unternehmen einen besonders hohen Umsatz erzielt bzw. erzielen will oder die von strategischer Bedeutung für das Unternehmen sind ($\rightarrow$ **Schlüsselkunde** (engl. *Key Account*)). Dazu gewinnen Key Account Manager Neukunden, betreuen Bestandskunden und bauen die Beziehung zu Schlüsselkunden aus. Key Account Manager können einen oder mehrere Schlüsselkunden, aber auch ein einzelnes Kundensegment betreuen. Ihr Einsatzgebiet ist der Vertrieb von Produkten und Dienstleistungen. Key Account Management wird in der Konsumgüter- und Investitionsgüterindustrie sowie auch im Dienstleistungsbereich betrieben. Die Einrichtung eines Key Account Managements ist immer dann sinnvoll, wenn die Größe des Kunden (Nachfrage) oder sein Wert (Kundenwert) als Umsatzträger, Referenz und/oder Multiplikator entsprechend ist.

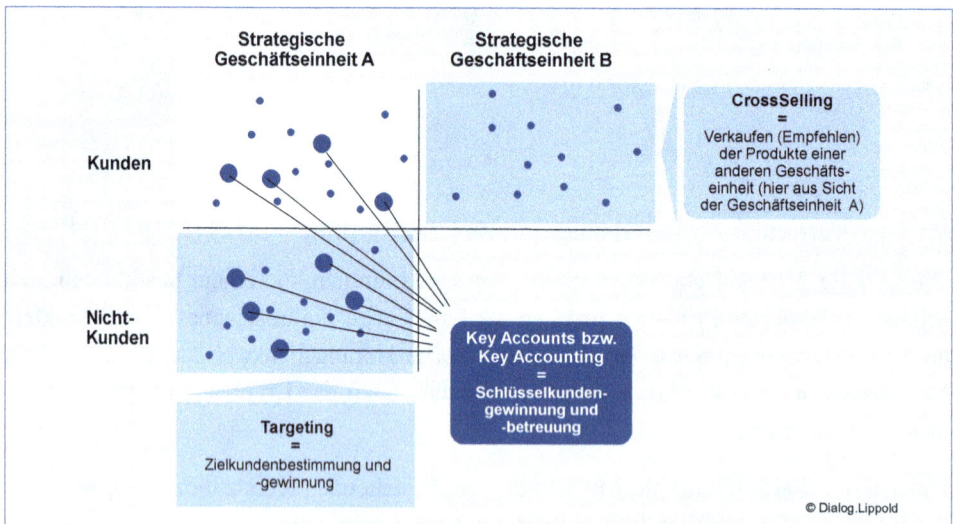

Abb. 6-05: Wichtige Akquisitionsbegriffe

Merkmale des Key Account Managements sind eine kundenorientierte Einstellung, differenzierte Bearbeitungsformen, spezielle Organisationsformen oder Arbeitsmethoden und -techniken. Der Key Account Manager ist der persönliche Ansprechpartner für den Kunden. Er berät den Kunden und handelt mit ihm Verträge aus. Dazu sammelt der Key Account Manager Informationen über die Interessen und Anforderungen seines Kunden, so dass er ihn bei der Verbesserung der bestehenden Produkte und Dienstleistungen, bei der Optimierung von Geschäftsprozessen und bei der Strategie- und Zukunftsplanung unterstützen kann. Eine solche Unterstützungsleistung setzt naturgemäß ein vertrauensvolles Verhältnis zwischen Key Account Manager und dem Kunden voraus.

Der Key Account Manager setzt sich mit anderen Bereichen seines Unternehmens, die im Kontakt mit dem Schlüsselkunden stehen, für die Interessen des Key Accounts ein. Der Key Account Manager kennt also die Zuständigkeiten im Unternehmen und koordiniert die Prozesse. Sollten die Anliegen des Kunden andere Stellen im Unternehmen betreffen, zum Beispiel Mitarbeiter aus dem Buying Center, vermittelt der Key Account Manager zwischen dem Kunden und der richtigen Stelle. Der Key Account Manager bündelt also alle Aktivitäten des Key Accounts.

6.1.3 Akquisitionszyklus

Der **Akquisitionszyklus** (engl. *Sales Cycle*) befasst sich mit den vertrieblichen Aktivitäten innerhalb eines Zeitraumes, der sich vom Erstkontakt mit einem Interessenten bzw. Kunden bis zum Auftragseingang oder der Ablehnung eines Angebotes erstreckt. Besonderes Merkmal von stark erklärungs- und unterstützungsbedürftigen Produkten ist ein relativ *langer* Akquisitionszyklus. Neben Entscheidungstragweite und Risiko dürfte die Länge des Akquisitionszyklus von der Anzahl der am Entscheidungsprozess beteiligten Personen (bzw. von der Größe des Buying Center) abhängen.

Im Geschäftskundenbereich und bei Systemprodukten kann der Sales Cycle durchaus mehrere Monate oder auch ein Jahr dauern. Die beiden Prozesse, die den Akquisitionszyklus bestimmen, sind der **Leadmanagement-Prozess** sowie der eigentliche **Akquisitionsprozess**, wobei die Grenze zwischen dem Leadmanagement und den nachfolgenden Sales-Prozessen, die zuweilen auch als **Opportunity Management** bezeichnet werden, nicht klar zu ziehen ist.

Abbildung 6-06 gibt einen Überblick über die verschiedenen Begrifflichkeiten und Prozesse im Vertriebsmanagement.

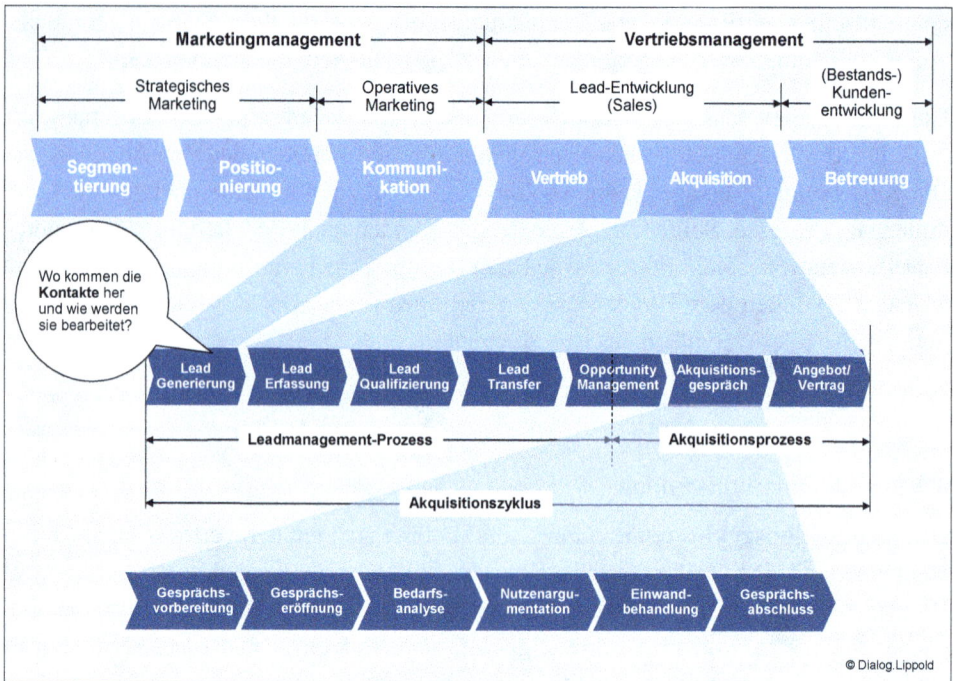

Abb. 6-06: Begrifflichkeiten und Prozesse im Vertriebsmanagement

6.2 Leadmanagement

In Anlehnung an das englische Wort „Lead", das für Hinweis oder Anhaltspunkt steht, wird die systematische Kundenidentifizierung und -verfolgung als **Leadmanagement** bezeichnet. Dabei ist das Leadmanagement nicht auf Interessenten bzw. Neukunden beschränkt, denn auch bei bestehenden Kunden können sich neue Geschäftspotenziale ergeben.

> **Leadmanagement** ist die Generierung, Qualifizierung und Priorisierung von Interessenbekundungen der Kunden mit dem Ziel, dem Sales werthaltige Kontakte bereitzustellen [vgl. Leußer et al. 2011, S. 632].

Der Leadmanagement-Prozess umfasst die Stufen

- Lead Generierung,
- Lead Erfassung,
- Lead Qualifizierung und
- Lead Transfer (Übergang des Leads in den Vertrieb zur Kundengewinnung).

6.2.1   Lead Generierung und Erfassung

Die erste Phase im Prozess ist die **Lead Generierung**. Hier werden erste Informationen von Interessenten gesammelt werden, die als Ausgangspunkt für eine Kundengewinnung dienen. Zur Erstellung eines Leads kommt es über verschiedene Kontaktkanäle, wie z.B. Web, Telefon, E-Mail, Filialen, Marketing-Kampagnen etc. Initialzündung der Lead Generation ist somit das Kampagnen-Management, für das das Marketing (und nicht der Vertrieb) verantwortlich zeichnet [vgl. Bitkom 2010, S. 18 f.].

Über diese Kanäle erhält das Unternehmen die Daten des Interessenten (Anschrift, Branche, Unternehmensgröße etc.). Je nach Channel der Werbekampagne erfolgt die Antwort des Kunden auf unterschiedliche Weise (Ausfüllen von Web-Formularen oder gedruckten Antwortkarten, Anrufe bei einer Hotline, Besuche in einer Filiale etc.). Diese Daten werden in der **Lead Erfassung** zusammengetragen.

6.2.2   Lead Qualifizierung und Transfer

Nach der Lead Erfassung reichert der Vertrieb die Leads mit weiteren Informationen wie demografische und psychografische Daten an. Im Rahmen der **Lead Qualifizierung** erfolgt eine Klassifizierung der Leads nach der Dringlichkeit der Bearbeitung. Besonders wichtig ist auch eine Einschätzung der Abschlusswahrscheinlichkeit. Damit sollen die wirklich ernsthaften Kontakte herausgefiltert werden. Der mangelhafte Erfolg vieler Vertriebsorganisationen gerade im Geschäft mit komplexen Produkten und Leistungen (B2B) ist ganz offensichtlich darauf zurückzuführen, dass ein Großteil der teuren Vertriebsressourcen mit der Verfolgung so genannter „Luftnummern" vergeudet wird. Nur durch eine gezielte Qualifizierung der Kontakte, in der bewusst Schwellenwerte gesetzt werden, lassen sich Akquisitionen kostengerechter und damit rentabel gestalten.

Eine gute Möglichkeit für eine Qualifizierung von Kontakten ist die ABC-Analyse, die in Abbildung 6-07 dargestellt ist. In dem Beispiel dienen der Status des Akquisitionsprozesses, das voraussichtliche Datum der Auftragserteilung und die Einschätzung der eigenen Chancen als Kriterien und damit als Schwellen für die jeweilige Bewertung und Einstufung der Kontakte. Die im Marketing generierten und im Vertrieb qualifizierten Kontakte müssen nun in den Sales Prozessen weiterbearbeitet werden. Dazu ist es erforderlich, die Leads an diejenigen Vertriebsmitarbeiter weiterzuleiten, die diese bearbeiten sollen (**Lead Transfer**).

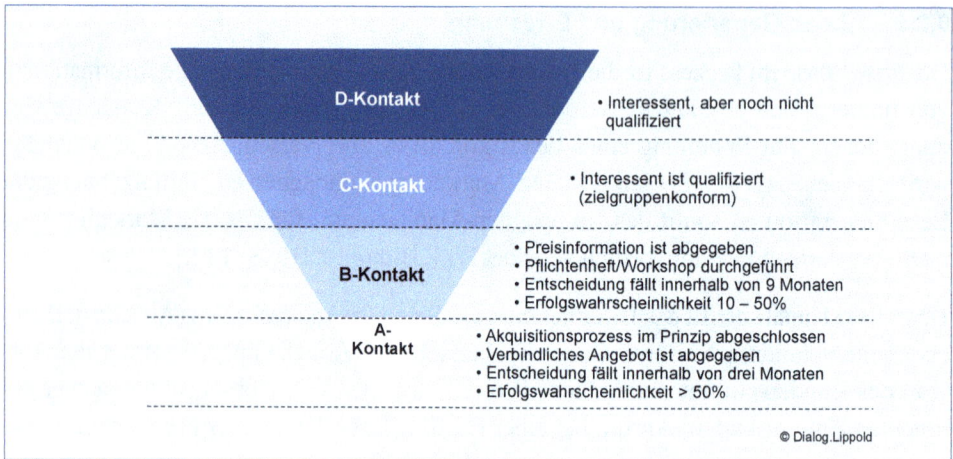

Abb. 6-07: ABC-Analyse bestehender Kontakte im B2B-Bereich (Beispiel)

Die im Marketing generierten und im Vertrieb qualifizierten Kontakte müssen nun in den Sales Prozessen weiterbearbeitet werden. Dazu ist es erforderlich, die Leads an diejenigen Vertriebsmitarbeiter weiterzuleiten, die diese bearbeiten sollen (**Lead Transfer**).

6.3 Opportunity Management

6.3.1   Pipeline Performance Management

Sales Prozesse gliedern sich in das Opportunity Management sowie das Angebots- und Auftragsmanagement. Teilweise wird das Opportunity Management aber auch dem Leadmanagement zugerechnet und als **Lead Verfolgung** bezeichnet.

Das **Opportunity Management** beschreibt die systematische Identifikation und Nutzung konkreter Verkaufschancen (engl. Opportunities) mit dem Ziel, diese zu bearbeiten und in ein Angebot und einen Auftrag zu verwandeln [vgl. Jost 2000, S. 334].

Letztlich geht es im Opportunity Management darum, die Leads zeitnah in Abschlüsse umzumünzen. Nimmt der Vertrieb bspw. zu spät mit den Interessenten Kontakt auf, kann sich die sogenannte **Konversionsrate** (engl. *Conversion rate*), d. h. die Quote der Geschäftsabschlüsse im Vergleich zu allen Leads, deutlich verschlechtern. Daher haben stark vertriebsorientierte Unternehmen elektronische Eskalationssysteme für Fristüberschreitungen installiert. Das Opportunity Management unterstützt die Vertriebsmitarbeiter durch Analysen zum Status einer Opportunity, der jederzeit abgefragt werden kann, um einen aktuellen Gesamtüberblick über bestehende Verkaufschancen (Abschlusswahrscheinlichkeiten, erwartetes Abschlussvolumen und -datum) zu erhalten. Unterstützt werden die Vertriebsmitarbeiter durch grafische Pipeline-Analysen, in denen die einzelnen Opportunities in den verschiedenen Stufen des Akquisitionszyklus dargestellt werden [vgl. Leußer et al. 2011, S. 143].

Customer Relationship Management-Systeme (CRM-Systeme) wie z. B. Oracle Siebel, SAP CRM oder Salesforce übernehmen die Analyse und Verfolgung bestehender Kontakte. Dabei erfolgt die Verwaltung und Dokumentation von Geschäften in Anbahnung nach den einzelnen Stufen (engl. *Stages*) des Sales Cycle. Auf diese Weise ist es möglich, Vertriebsanalysen, Auftragswahrscheinlichkeiten und Erfolgsquotenmessungen je Kontaktstufe vorzunehmen. Ein so eingerichtetes **Pipeline Performance Management** erlaubt überdies periodenspezifische Vertriebsprognosen anhand der Bewertung der ungewichteten oder gewichteten Vertriebspipeline auf jeder Kontaktstufe.

6.3.2 Vertriebstrichter oder Vertriebsfilter?

In Abbildung 6-08 ist der Sales Cycle auf der Grundlage von sieben Kontaktstufen beispielhaft dargestellt. Der Sales Cycle hat die Form eines „Vertriebstrichters" (engl. *Sales Funnel*). Während in Stufe (Stage) 1 sämtliche Kontakte als Leads des Unternehmens erfasst sind, verdünnt sich der Trichter stufenweise bis zur Stufe 7, in der nur noch jene Kontakte enthalten sind, die eine hohe Auftragswahrscheinlichkeit besitzen und bei denen die Akquisition prinzipiell abgeschlossen ist.

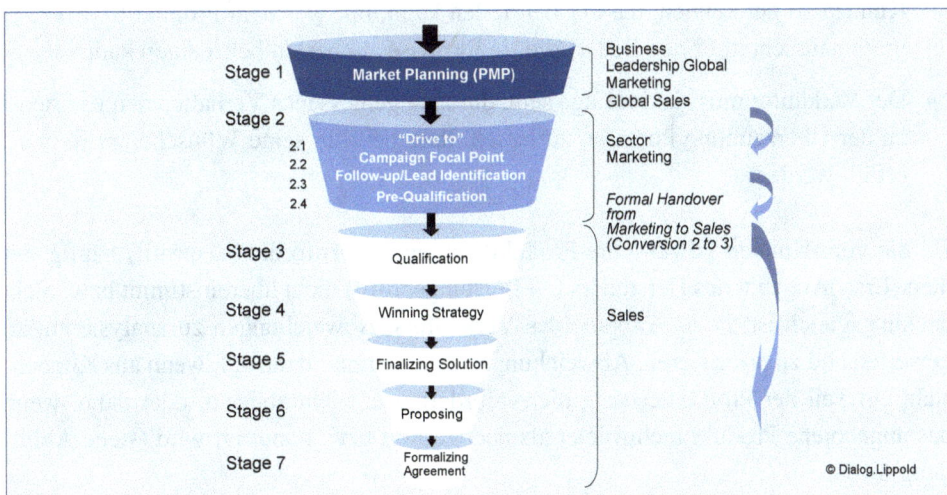

Abb. 6-08: Beispiel für einen Sales Funnel

Es hat sich dabei durchgesetzt, die einzelnen Kontaktstufen eines Sales Cycle in Form eines **„Vertriebstrichters"** (engl. *Sales Funnel*) abzubilden. Allerdings ist diese Bezeichnung verwirrend, denn bei einem Trichter kommt alles, was man oben in ihn hineingegeben hat, auch unten wieder heraus. Das ist beim Akquisitionsprozess ganz anders, denn auf jeder Kontaktstufe werden Kontakte, die nicht weiterverfolgt werden sollen, herausgefiltert. Daher wäre **„Vertriebsfilter"** die treffendere Bezeichnung.

6.3 Das Akquisitionsgespräch

Das Akquisitionsgespräch zählt zum Kern der Geschäftsprozesse eines Unternehmens, weil er sich durch direkten Kundenkontakt oder durch Unterstützung des Kundenkontakts auszeichnet. Die Kommunikation mit dem (potenziellen) Kunden erfolgt über Customer Touch Points wie Verkaufsmitarbeiter aber auch Call Center oder Website. In erster Linie ist der Akquisitionsprozess, so wie er hier dargestellt wird, aber für das B2B-Geschäft relevant.

Das wesentliche Ziel des persönlichen Verkaufs besteht darin, den Auswahl- und Entscheidungsprozess beim Kunden so zu beeinflussen, dass letztlich der Verkaufsabschluss realisiert wird. Drei Voraussetzungen sind für den Akquisitionserfolg eines Verkäufers unabdingbar:

- Der Verkäufer muss sein Produkt in seinen Leistungsmerkmalen und dem daraus folgenden Nutzen für den Käufer kennen.

- Der Verkäufer muss den objektiven Bedarf und die subjektiven Bedürfnisse der Kunden so gut kennen, dass er beurteilen kann, mit welchem Produkt bzw. Programmausschnitt er den Bedarf/die Bedürfnisse am besten befriedigen kann.

- Der Verkäufer muss in der Lage sein, durch angemessenes Verhalten den Kunden zu der Überzeugung kommen zu lassen, dass bei ihm seine Wünsche am besten erfüllt werden.

Da die vom Kunden gewünschte Produktleistung (→ Anforderungsprofil) häufig mit dem (Erst-)Angebot des Herstellers (→ Leistungsprofil) nicht übereinstimmt bzw. nicht deckungsgleich ist, ist es Aufgabe des Verkäufers, Abweichungen zu analysieren, zu bewerten und zu priorisieren. Abweichungen treten immer dann auf, wenn aus Kundensicht ein Teil der Produktleistung die Anforderungen nicht abdeckt, oder dann, wenn das angebotene Produkt mehr bietet als nachgefragt bzw. honoriert wird (siehe Abbildung 6-09).

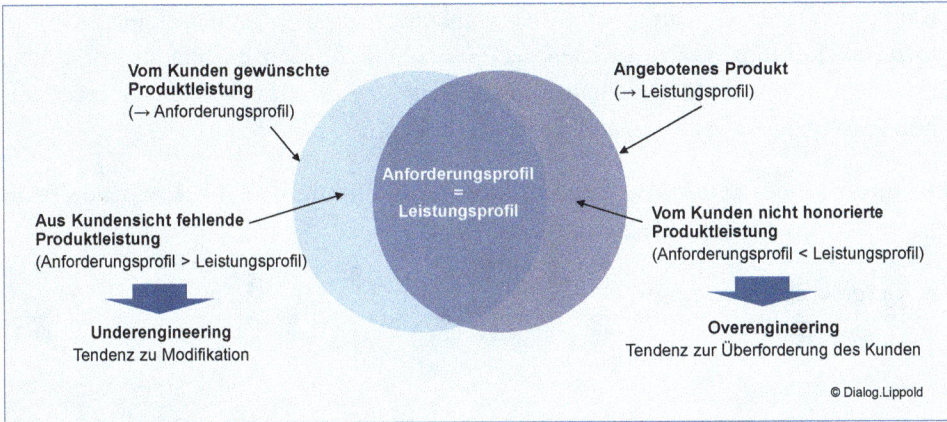

Abb. 6-09: Gegenüberstellung von Anforderungsprofil und Leistungsprofil

Beim Akquisitionsgespräch lassen sich nach den Gesprächsphasen das Kontaktgespräch, das Vertiefungsgespräch und das Abschlussgespräch unterscheiden. Nach dem Gesprächsinhalt kann zwischen dem Fachgespräch und dem (reinen) Informationsgespräch differenziert werden. Besonders wichtig ist die Einteilung des Verkaufsgesprächs nach dem Standardisierungs- bzw. Strukturierungsgrad (siehe Abbildung 6-10).

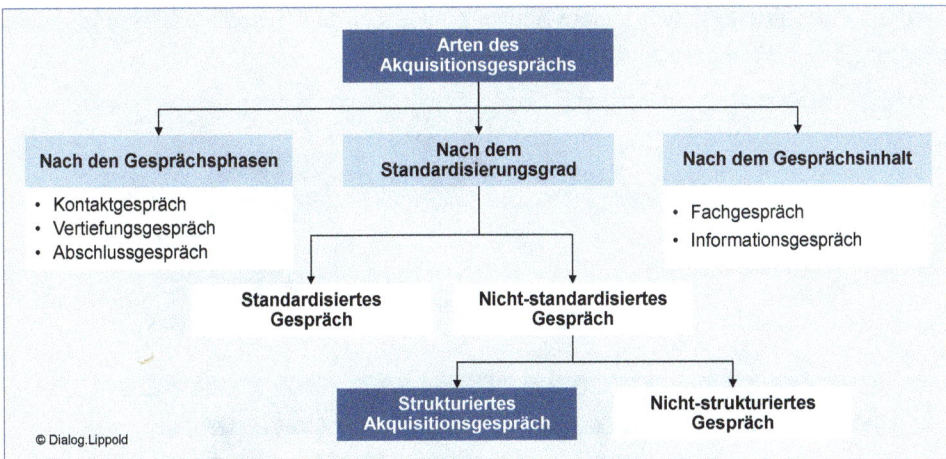

Abb. 6-10: Arten des Akquisitionsgesprächs

Ein standardisiertes Gespräch wird in aller Regel nur im **Telefonverkauf** (vornehmlich durch Call Center) durchgeführt. Der persönliche direkte Vertriebskontakt wird in Form eines **nicht-standardisierten Gesprächs** wahrgenommen. Verlässt sich der Verkäufer dabei ausschließlich auf seine Intuition und seine „Tagesform", so wird er ein *nicht-strukturiertes Gespräch* führen. Eine solche unvorbereitete Gesprächsform ist allerdings nicht zu empfehlen, denn angesichts unterschiedlicher Zielsetzungen zwischen Käufer und Verkäufer sollte ein Verkaufsgespräch gut vorbereitet und zuvor gedanklich strukturiert sein. Daher wird für den Vertrieb von komplexen und beratungsintensiven Produkten und Leistungen, aber auch auf der Handelsstufe für Konsumgüter in Verbindung mit einem hohen Auftragsvolumen immer das *strukturierte* Verkaufsgespräch die Grundlage für einen erfolgreichen Abschluss bilden.

Im Rahmen eines **strukturierten Verkaufsgesprächs** werden dabei folgende sechs Phasen durchlaufen [vgl. Heitsch 1985, S. 181 ff.]:

- Gesprächsvorbereitung
- Gesprächseröffnung
- Bedarfsanalyse
- Nutzenargumentation
- Einwandbehandlung
- Gesprächsabschluss

Wesentlich ist, dass die Phasen, die in Abbildung 6-11 aufgeführt sind, nicht zwingend in obiger Reihenfolge durchlaufen werden müssen. Auch kann es sein, dass die eine oder andere Phase übersprungen werden kann oder auch wiederholt werden muss. So wird ein Abschlussgespräch andere Schwerpunkte bei den Gesprächsphasen legen als ein Kontaktgespräch oder ein Informationsgespräch.

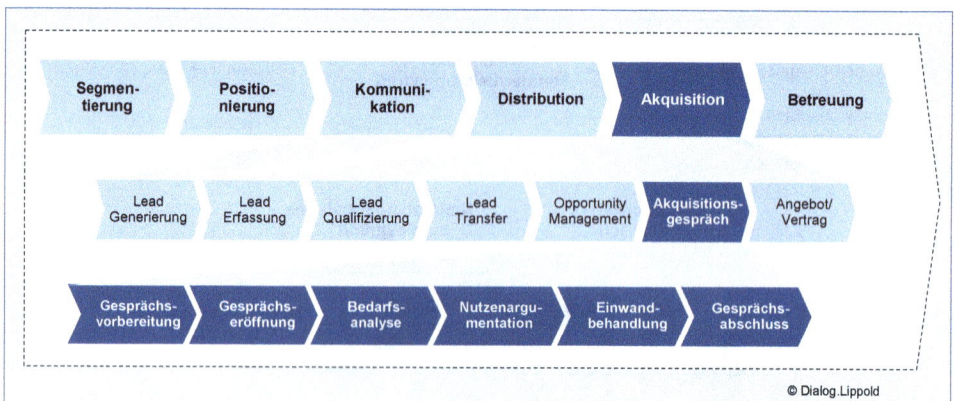

Abb. 6-11: Phasen des Akquisitionsgesprächs

6.3.1   Gesprächsvorbereitung

Vorbereitung ist **vorgedachte Wirklichkeit**, d. h. durch eine sorgfältige Vorbereitung lassen sich die Erfolgschancen im Verkaufsprozess erhöhen. In der Phase der Gesprächsvorbereitung sollte sich der Vertriebsmitarbeiter über die Situation seines Gesprächspartners (Zielsetzungen, Erwartungshaltung, Einfluss auf die Kaufentscheidung) informieren. Gleichzeitig muss der Vertriebsmitarbeiter die Situation seines eigenen

Unternehmens im Hinblick auf die spezifische Kundensituation reflektieren (Kundenzufriedenheit, Kaufhistorie etc.). Auch muss er seine eigenen Vertriebsziele und seine Vorgehensweise abstecken sowie evtl. Konfliktstoffe ins Kalkül ziehen.

Die wichtigsten Punkte dieser Phase sind in Abbildung 6-12 zusammengetragen.

Was bei der Gesprächsvorbereitung zu beachten ist	Wichtige Punkte der Gesprächsvorbereitung	Die Bedeutung der Gesprächsvorbereitung
• Wer ist mein Kunde und was will er erreichen?	• Sorgfältige Vorbereitung, nicht auf eigene Intuition verlassen	• Durch sorgfältige Vorbereitung Erfolgschancen erhöhen
• Was möchte ich erreichen, wenn es gut läuft?	• In die Lage des Partners versetzen	• Misserfolgssituation mindern
• Was möchte ich erreichen, wenn ich merke, dass ich nicht weiterkomme?	• Gesprächsziel definieren	• Bedeutung von Intuition und Tagesform verringern
• Wo treffen sich die Kundeninteressen mit meinen eigenen?	• Grobe Vorgehensweise vor denken	• Zeit sparen
• Wo liegt Konfliktstoff?	• Hilfsmittel planen (Demo, PC, Beamer, Präsentationsunterlagen)	• Stress vermindern
• Wie will ich vorgehen?	• Mentale Einstellung auf Fragen und Einwände	• Denn: Vorbereitung ist vorgedachte Wirklichkeit

© Dialog.Lippold

Abb. 6-12: Die Gesprächsvorbereitung im Überblick

6.3.2 Gesprächseröffnung

Die Gesprächseröffnung ist deshalb so wichtig, weil der erste Eindruck, den sich ein Gesprächspartner von seinem Gegenüber macht, sehr viel nachhaltiger ist, als die Zeitabschnitte, die dann folgen. So haben Verhaltensforscher nachgewiesen, dass es max. 30 Sekunden dauert, bis zwei wissen, ob sie sich sympathisch sind oder nicht. Der erste Eindruck bestimmt das Akquisitionsgespräch also in hohem Maße, wobei auch "Kleinigkeiten" wie z.B. Kleidung zählen. Hinzu kommt, dass es wesentlich leichter ist, einen guten Eindruck aufrechtzuerhalten als einen negativen Eindruck aufzuheben und positiv neuzugestalten. Da es dem Gesprächspartner an Erfahrung mit seinem Gegenüber mangelt, wird er alles an Vorurteilen und Augenblickseindrücken heranziehen, um sich ein Urteil über sein Gegenüber zu bilden [vgl. Heitsch 1985, S. 275].

In diesem Zusammenhang ist es wichtig, dass der Vertriebsmitarbeiter auf seine Sprache, Gestik, Mimik und Körperhaltung besonders achtet. Auch muss er sich ein genaues Bild von der Gesprächsatmosphäre, von der Rollen- und Machtverteilung seiner Gesprächspartner und von der eigenen Situation im Gespräch machen [vgl. Homburg/Krohmer 2009, S. 862].

Die wichtigsten Punkte der Gesprächseröffnung sind in Abbildung 6-13 dargestellt.

Was bei der Gesprächs-eröffnung zu beachten ist	Wichtige Punkte der Gesprächseröffnung	Besonderheiten der Gesprächseröffnung
• Verhaltensforscher haben nachgewiesen, dass es max. 30 Sekunden dauert, bis zwei wissen, ob sie zueinander passen oder nicht • Der erste Eindruck bestimmt das Verkaufsgespräch (auch "Kleinig-keiten", z.B. Kleidung, zählen) • Es ist wesentlich leichter, einen guten Eindruck aufrechtzuerhalten als einen negativen Eindruck aufzuheben und positiv neuzugestalten	• Lernbereitschaft herstellen • Positive Erwartungshaltung wecken • "Selbstmorderöffnungen" vermeiden • Grund und Nutzen des Besuches nennen • Zeitlichen und inhaltlichen Rahmen nennen • Positiv bleiben, auch wenn es am Anfang nicht so recht läuft	• Da es dem Gesprächspartner an Erfahrung mit seinem Gegenüber mangelt, wird er alles an Vorurteilen und Augenblickseindrücken heranziehen, um sich ein Urteil über sein Gegenüber zu bilden! • Versuchen Sie nicht, zurückzurudern – es wird dann meistens nur schlimmer!

© Dialog.Lippold

Abb. 6-13: Die Gesprächseröffnung im Überblick

6.3.3   Bedarfsanalyse

Der Bedarfsanalyse kommt bei Erst- und Kontaktgesprächen eine besondere Bedeutung zu. Hier geht es darum, die **Kaufmotive** des Kunden zu ergründen. Diese Kaufmotive sind personenbezogen und haben einen Einfluss auf die einzusetzenden Argumente des Verkäufers. Ist das dominante Kaufmotiv des Ansprechpartners bspw. *Sicherheit*, so sollte der Vertriebsmitarbeiter mit Formulierungen wie „ … das sichert Ihnen …" oder „…das gewährleistet Ihnen …" verstärkt den Sicherheitsaspekt ansprechen. Ist das Kaufmotiv dagegen *Kosten* oder *Gewinn*, so sind Verbalisierung wie „ … das bringt Ihnen …" oder „ … damit erreichen Sie …" wirkungsvolle Formulierungen.

Abbildung 6-14 gibt einen Überblick über wichtige Punkte dieser Phase.

Was bei der Bedarfsanalyse zu beachten ist	Wie bei der Bedarfsanalyse vorzugehen ist	Fragetechniken bei der Bedarfsanalyse

• Kunde erwirbt nur Produkte/Leistungen
  – die seine **subjektiven Bedürfnisse** und seinen objektiven Bedarf befriedigen (Bedarf sind konkretisierte Bedürfnisse)
  – von deren **Nutzen/Vorteil** er überzeugt ist
• **Kaufmotive** des Kunden ergründen, damit nutzen-orientiert argumentiert werden kann
	• Konzentriert **passiv** zuhören
	  – Ungeteilte Aufmerksamkeit zuwenden
	  – Körpersprache einsetzen
	  – Interesse signalisieren
	• **Aktiv** zuhören
	  – Paraphrasieren
	  – Verbalisieren
	  – Kontrollierter Dialog
	  – Fragen stellen
	Wer fragt, führt das Gespräch!
		• **Offene Fragen (W-Fragen)**
		  – wer, wann, wo, womit, was, wozu, weshalb, welche, wie, ...
		  – lassen sich nicht mit Ja oder Nein beantworten, erfragen Meinungen
		• **Geschlossene Fragen**
		  – beginnen mit einem Verb und lassen sich mit Ja oder Nein beantworten
		  – haben lenkende Wirkung
		  – können unbedenklich verwendet werden, um sich einer Übereinstimmung zu versichern

© Dialog.Lippold

Abb. 6-14: Die Bedarfsanalyse im Überblick

In dieser Phase gilt es, konzentriert *aktiv* (z. B. in Form von Fragen) oder *passiv* (z. B. in Form von signalisierter Zuwendung und Interesse) zuzuhören. Der Einsatz von Fragetechniken (offene und geschlossene Fragen) steht im Zentrum der Bedarfsanalyse, denn wer fragt, führt das Gespräch.

6.3.4   Nutzenargumentation

Die Nutzenargumentation im Rahmen des Verkaufsgesprächs (engl. *Benefit Selling*) sollte vor dem Hintergrund erfolgen, dass der Kunde keine Produkte erwerben will, sondern den Nutzen bzw. den Vorteil, den er sich von dem Produkt erhofft. D. h. die verwendeten Argumente müssen den Nutzen von Leistungsmerkmalen anschaulich und glaubhaft machen. Solche **Merkmals-/Nutzen-Argumentationen** werden dann zu schlagenden Argumenten, wenn sie zusätzlich die Motivlage des Ansprechpartners treffen („Der Köder soll dem Fisch schmecken und nicht dem Angler").

Solche Motive können sein:

- Anerkennung
- Geld und Sicherheit
- Neugier und Entdeckung
- Gesundheit und Entlastung.

In Abbildung 6-15 ist an einem einfachen Beispiel illustriert, wie nachteilig eine Argumentation, die sich auf reine Produkt- bzw. Leistungseigenschaften konzentriert (engl. *Character Selling*), im Vergleich zu einer Merkmals-/Nutzen-Argumentation wirkt.

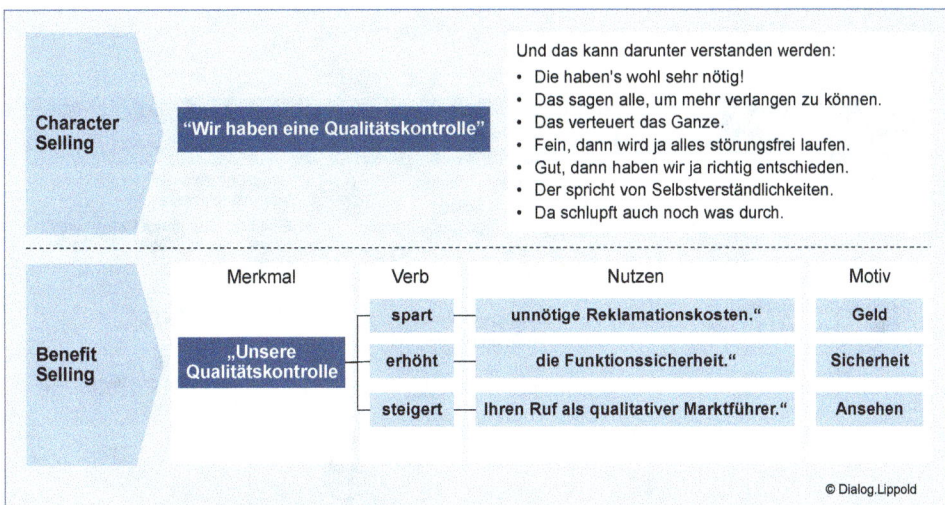

Character Selling	"Wir haben eine Qualitätskontrolle"	Und das kann darunter verstanden werden: • Die haben's wohl sehr nötig! • Das sagen alle, um mehr verlangen zu können. • Das verteuert das Ganze. • Fein, dann wird ja alles störungsfrei laufen. • Gut, dann haben wir ja richtig entschieden. • Der spricht von Selbstverständlichkeiten. • Da schlupft auch noch was durch.		

	Merkmal	Verb	Nutzen	Motiv
Benefit Selling	„Unsere Qualitätskontrolle	spart	unnötige Reklamationskosten."	Geld
		erhöht	die Funktionssicherheit."	Sicherheit
		steigert	Ihren Ruf als qualitativer Marktführer."	Ansehen

© Dialog.Lippold

Abb. 6-15: Gegenüberstellung von Character Selling und Benefit Selling

Wichtig bei der Nutzenargumentation ist darüber hinaus, dass der Verkäufer diskutierte Produktmerkmale *zweiseitig* argumentiert. Dadurch erhöht er die Glaubwürdigkeit seiner Aussagen, denn nur Vorteile gibt es nicht. Dem erwarteten Nutzen stehen zumindest immer Kosten gegenüber. Ferner sollten Fachausdrücke vermieden werden (es sei denn, der Kunde spricht sie selber aus). Auch sollte der Vertriebsmitarbeiter die Lernbereitschaft des Kunden nicht überfordern, sondern die Argumente zusammenfassen, Zwischenergebnisse festhalten und die vom Gesprächspartner akzeptierten Argumente wiederholen. Auch sollte man mit der Argumentation erst dann fortschreiten, wenn Einigkeit über ein wichtiges Argument erzielt worden ist.

6.3.5 Einwandbehandlung

Einwände sind für jeden Verkäufer lästig. Sie ziehen seine Glaubwürdigkeit in Zweifel oder zeigen, dass der Kunde die Argumente nicht verstanden hat oder nicht verstehen will. In jedem Fall verzögern Einwände das Verkaufsgespräch. Ursachen für Einwände können sein, dass die gegebenen Informationen nicht verstanden werden. Es kann aber auch sein, dass der Gesprächspartner die Information sehr wohl verstanden hat, diese aber anders bewertet. Schließlich kann es auch sein, dass der Kunde im Vorfeld des Verkaufsgesprächs andere Informationen hatte und ihn zu anderen Schlüssen kommen lässt.

Ziel der Einwandbehandlung ist es, eine gemeinsame Informationsbasis zwischen Verkäufer und Kunden zu schaffen, d. h. es sollte eine Einigung über die Bewertung der Informationen bestehen, ohne dass es Sieger oder Besiegte gibt.

Die Einwandbehandlung wird in den einschlägigen Vertriebstrainings und Verkäuferschulungen immer wieder geprobt. Bewährte **Einwandbehandlungstechniken** – wie in Abbildung 6-16 gezeigt – stehen dabei im Vordergrund.

Was bei der Einwandbehandlung zu beachten ist	Wie bei der Einwandbehandlung vorzugehen ist	Ziele der Einwandbehandlung
• Einwände sind lästig. • Einwände ziehen die Glaubwürdigkeit in Zweifel oder zeigen die Begriffsstutzigkeit des Kunden. • Einwände verzögern sie das Verkaufsgespräch. **Ursachen für Einwände** • Informationen wurden nicht verstanden. • Informationen wurden verstanden, werden aber anders bewertet. • Kunde hat andere Informationen und lassen ihn zu anderen Schlüssen kommen.	• Einwand vorwegnehmen • "Ja—Aber"—Methode • Bumerang-Methode, bei der ein Einwand in ein positives Argument umgewandelt wird (... ja, gerade deshalb ...") • "Gesetzt—den—Fall—dass" • Wiederholen und versachlichen • Verbalisieren von Emotionen • "Pro-und-Kontra"-Methode • Einwände zusammenfassen	• Schaffung einer gemeinsamen Informationsbasis • Einigung über deren Bewertung (ohne dass es Sieger oder Besiegte gibt) • Bei der Behandlung von Einwänden geht es nicht darum, wer Recht hat. Selbst wenn der Verkäufer immer Recht bekommt, unterliegt er mindestens einmal: wenn er die Unterschrift unter den Vertrag nicht bekommt!

© Dialog.Lippold

Abb. 6-16: Einwandbehandlung im Überblick

6.3.6   Gesprächsabschluss

Für den Kunden kommt die Entscheidung fast immer zu früh, denn es besteht in aller
Regel – trotz bester Argumente – immer noch ein Stück Restunsicherheit. Trotzdem:
Wenn alle Fragen geklärt sind und keine Einwände mehr bestehen, ist die Zeit für eine
Entscheidung reif. Häufig sendet der Kunde auch bereits **Kaufsignale**, z. B. wenn er
sehr häufig und unaufgefordert zustimmt oder Fragen stellt, die erst nach dem Kauf relevant sind. Weitere Kaufsignale können sein, dass sich der Kunde nach der Erfahrung
anderer Kunden (→ Referenzen) erkundigt, um die eigene Entscheidung final abzusi-
chern. Ein recht zuverlässiges Kaufsignal ist auch, wenn der Kunde bereits nach Zah-
lungsterminen fragt oder sich mit Details beschäftigt, die ebenfalls erst nach dem Kaufabschluss zu Tragen kommen. Wenn der Kunde ungeduldig wird, sollte man darauf verzichten, seine noch so guten Argumente fortzuführen. Der Kunde entscheidet!

Häufig muss dem Gesprächspartner beim Abschluss **über die Schwelle** hinweg gehol-
fen werden. Hierzu bietet sich dem Verkäufer die direkte Aufforderung („Ich meine, wir
sind uns einig, was meinen Sie?") oder die indirekte Aufforderung („Was steht aus Ihrer
Sicht einer Entscheidung noch im Wege?") an. Sollte allerdings keine Entscheidung er-
reichbar sein, so müssen die Teilergebnisse gesichert und das weitere Vorgehen vereinbart werden (z. B. Aktionsplan, Referenzbesuch, Termin bei der Geschäftsleitung).

Generell stellt der Gesprächsabschluss für jeden Vertriebsmitarbeiter eine besondere
Herausforderung dar. Die Anforderung, die in diesem Zusammenhang an die Qualifikation des erfolgreichen Verkäufers zu stellen ist, betrifft seine **Abschlusssicherheit**. Da
ganz offensichtlich die Dauer der Auswahl- und Entscheidungsprozesse mit der Komplexität der einzusetzenden Lösung zunimmt, droht häufig die Gefahr, dass sich die Prozesse schier endlos und für beide Seiten unbefriedigend hinziehen.

Die wichtigsten Punkte beim Gesprächsabschluss sind in Abbildung 6-17 zusammengefasst.

Kaufsignale, die beim Gesprächs-abschluss zu beachten sind	Wie beim Gesprächsabschluss vorzugehen ist	Die wichtigsten Punkte beim Gesprächsabschluss
• Kunde stimmt häufig ohne Aufforderung zu • Kunde stellt Fragen, die erst nach dem Kauf wichtig werden • Kunde fragt nach der Erfahrung anderer Kunden (Referenzen), um eigene Entscheidung abzusichern • Kunde beschäftigt sich bereits mit Details • Kunde formuliert immer öfter Zustimmung • Kunde fragt nach Zahlungsterminen	• Direkte Aufforderung zur Entscheidung • ("Ich meine, wir sind uns einig, was meinen Sie?) • Indirekte Aufforderung zur Entscheidung ("Was steht einer Zusammenarbeit noch im Wege?) • Bei Nichteinigung einen Aktionsplan vereinbaren (Referenzbesuch, Termin bei der Geschäftsleitung)	• Für den Kunden kommt die Entscheidung fast immer zu früh (Restunsicherheit) • Trotzdem: Wenn alle Fragen geklärt sind und keine Einwände mehr bestehen, ist die Zeit für eine Entscheidung reif • Dem Gesprächspartner über die Schwelle hinweghelfen • Falls keine Entscheidung erreichbar, Teilergebnisse sichern und weiteres Vorgehen vereinbaren

© Dialog.Lippold

Abb. 6-17: Gesprächsabschluss im Überblick

6.4 Akquisitionscontrolling

Das Aktionsfeld *Akquisition* wird in der Regel mit der Angebots- und Vertragsgestaltung abgeschlossen. Die Aufforderung zur Abgabe eines Angebotes kann mündlich („Senden Sie uns doch bitte ein Angebot zu") oder formal als *„Request for Proposal – RfP"* erfolgen.

6.4.1   Angebots- und Vertragsgestaltung

Mit der Abgabe eines Angebots existiert aber noch kein Vertrag. Ein Vertrag kommt grundsätzlich erst durch die Übereinstimmung von Antrag und Annahme zustande. Da der Antrag sowohl vom Auftragnehmer als auch vom Auftraggeber ausgehen kann, kommt ein Vertrag zustande durch Angebot des Auftragnehmers *und* Auftrag (Bestellung) des Auftraggebers oder durch Auftrag (Bestellung) des Auftraggebers *und* Auftragsbestätigung des Auftragnehmers.

Im B2B-Bereich ergeben sich somit für den Vertragsabschluss folgende Möglichkeiten:

–   Der Hersteller macht ein Angebot, das Kundenunternehmen erteilt den Auftrag rechtzeitig und ohne Abänderungen. Damit ist der Vertrag zustande gekommen.

–   Der Hersteller unterbreitet ein Angebot, das Kundenunternehmen bestellt zu spät oder mit Abänderungen (Erweiterungen oder Einschränkungen). Die verspätete Annahme des Antrages oder eine Annahme mit Änderungen gelten als neuer Antrag. Der Vertrag kommt erst durch Annahme des neuen Antrags zustande.

–   Das Kundenunternehmen erteilt einen Auftrag ohne vorhergehendes Angebot, der Hersteller bestätigt den Auftrag. Der Vertrag kommt mit der Annahme des Auftrages zustande.

Bei besonders erklärungsbedürftigen Produkten und Leistungen wäre die Abfassung und Unterzeichnung eines **formellen (schriftlichen) zweiseitigen Vertrages**, in dem das Kundenunternehmen die Rechtsposition des Auftragnehmers ausdrücklich zur Kenntnis nimmt, der beste Weg zur Eingrenzung der vertraglichen Rechte und Pflichten beider Vertragspartner. Wie die Praxis aber immer wieder zeigt, werden solche zweiseitig entwickelten Vertragsentwürfe im Allgemeinen zeitraubenden Prüfungen durch die Rechtsabteilungen der Kundenunternehmen unterzogen.

Im Sinne einer zügigen Vertragsabwicklung haben sich daher viele Unternehmen nicht für die Aushandlung eines formellen zweiseitigen Vertrages, sondern für die dreistufige Kette: **„Angebot – Auftrag (Bestellung) – Auftragsbestätigung"** entschieden. Zwar handelt es sich dabei aus juristischer Sicht nur um den zweitbesten, allerdings deutlich schnelleren Weg der Vertragsgestaltung (siehe Abbildung 6-18).

Sollte ein Kundenunternehmen dem Auftragnehmer einen schriftlichen Auftrag erteilen, indem es von dem vorliegenden Angebot abweicht, so muss der potenzielle Auftragnehmer sofort, prompt und unverzüglich reagieren, da Schweigen als Bestätigung der Abänderung betrachtet werden kann. Derartige **Abweichungen** können sein:

- Geänderte Preise
- Veränderte Termine
- Einkaufsbedingungen des Auftraggebers als Grundlage der Bestätigung
- Haftungserweiterungen
- Änderungen der Gewährleistungsfristen
- Geänderte Zahlungsbedingungen
- Änderung des Gerichtsstandes.

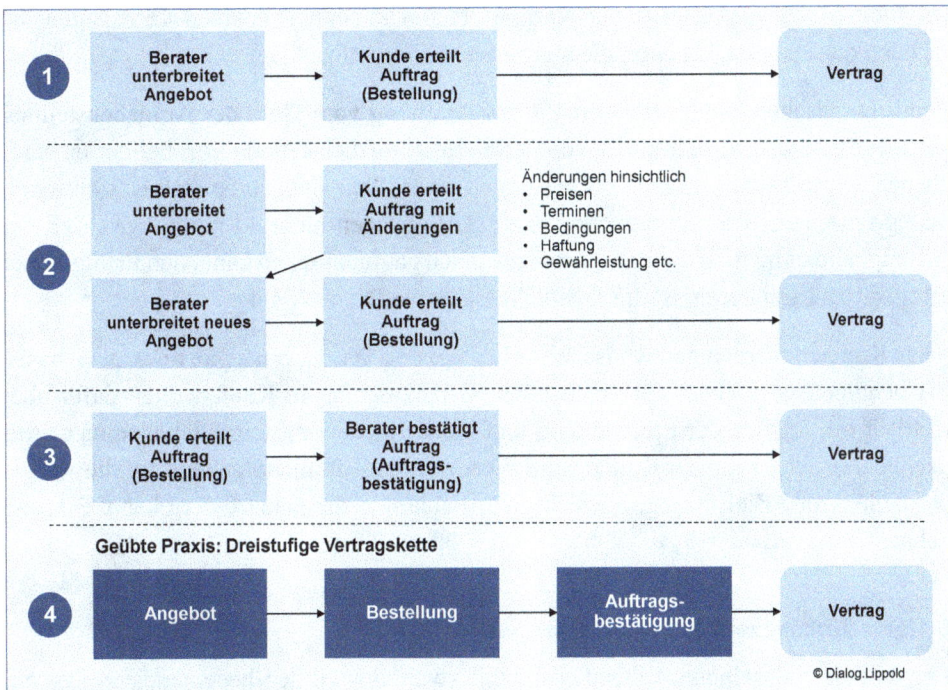

Abb. 6-18: Vertragsketten im B2B-Geschäft

6.4.2 Dienstvertrag vs. Werkvertrag

Die nächste wichtige Frage, die sich im Zusammenhang mit der Vertragsgestaltung stellt, ist die Frage nach der schuldrechtlichen Zuordnung des Vertrages. Grundlegend ist hierbei die Unterscheidung in *Austausch- und Kontraktgüter*, die auf Klaus Peter Kaas [1992] zurückgeht. **Austauschgüter** sind fertige, standardisierte Produkte, die auf Vorrat gefertigt werden. Im Gegensatz dazu liegen bei **Kontraktgütern** zum Zeitpunkt des Verkaufsabschlusses die Produkte bzw. die Leistungen noch gar nicht vor, d. h. das

Kontraktgut existiert noch nicht und wird erst nach Kaufabschluss erstellt. Insofern kann Qualität und Eignung von Kontraktgütern für die Lösung des Kundenproblems häufig nur unzureichend eingeschätzt werden.

Während bei Austauschgütern regelmäßig der schuldrechtliche Titel des Kaufs [§§ 433-515 BGB] Anwendung findet, stellt sich bei der Veräußerung von Kontraktgütern die Frage, ob es sich um einen Dienstvertrag [§§ 611-630 BGB] oder um einen Werkvertrag [§§ 631-651 BGB] handelt. Beispiele für solche Kontraktgüter sind (IT-)Projekte, Auftragsprogrammierung, Beratungsleistungen, Systemgeschäft und Anlagenbau.

Die Abgrenzung ist im Wesentlichen dahingehend vorzunehmen, dass ein Dienstvertrag dann vorliegt, wenn die Tätigkeit *selbst* geschuldet wird, ein Werkvertrag dagegen dann, wenn der *Erfolg* der Tätigkeit geschuldet wird. Beim Werkvertrag ist das Tätigwerden lediglich Mittel zum Zweck der Vertragserfüllung, beim Dienstvertrag dagegen die fachlich qualifizierte Tätigkeit die Vertragserfüllung selbst.

Praktisch gesehen hängt die vertragliche Zuordnung vom Grad der Aufgabenstellung ab: Liegt eine klar abgegrenzte, wohldefinierte Aufgabenstellung vor, bei der entsprechende Voraussetzungen und Vorleistungen zu erfüllen sind, so handelt es sich regelmäßig um einen Werkvertrag. Sind diese Bedingungen nicht erfüllt, so dass sich der Auftragnehmer nicht in der Lage sieht bzw. auch gar nicht sehen kann, den Erfolg seiner Tätigkeit zu garantieren, ist die rechtliche Basis der Dienstvertrag.

Viele Kundenunternehmen wünschen unbedingt den **Werkvertrag auf Festpreisbasis**. Sie nehmen lieber einen entsprechenden Risikozuschlag in Kauf, wollen dafür aber Klarheit hinsichtlich der Preisstellung und des Fertigstellungstermins bekommen. Auf der anderen Seite kann der Kunde beim Werkvertrag nicht mehr lenkend auf die Aufgabenstellung und Zielsetzung, die sich im Zeitablauf ja durchaus ändern kann, Einfluss nehmen.

6.4.3   Effizienzsteigerung im Vertrieb

Der unternehmenseigene Außendienst zählt zweifellos zu den bedeutendsten Kostenfaktoren im Vermarktungsprozess. Mögliche Ansatzpunkte, um die Wirtschaftlichkeit im Vertrieb zu steigern, sind:

- Straffung der administrativen Abläufe
- Förderung der Zusammenarbeit zwischen Innen- und Außendienst
- Vereinfachung des Berichtswesens
- Einsatz des Internets für vertriebsunterstützende Maßnahmen
- Abbau von Hierarchieebenen

Jede Stunde, die der Vertriebsmitarbeiter mit vertrieblich unproduktiven Tätigkeiten verbringt, fehlt für die qualifizierte Vertriebsarbeit [vgl. Bittner 1994, S. 180 f.].

Abbildung 6-19 zeigt als Beispiel die Ergebnisse einer Untersuchung, die das Software- und Beratungsunternehmen ADV/ORGA bereits in den 1980er Jahren durchgeführt hat und zum Anlass nahm, seine Vertriebsorganisation grundlegend neu zu formieren und verstärkt auf den Einsatz moderner IT-Systeme zu setzen [vgl. Lippold 1998, S. 231 ff.].

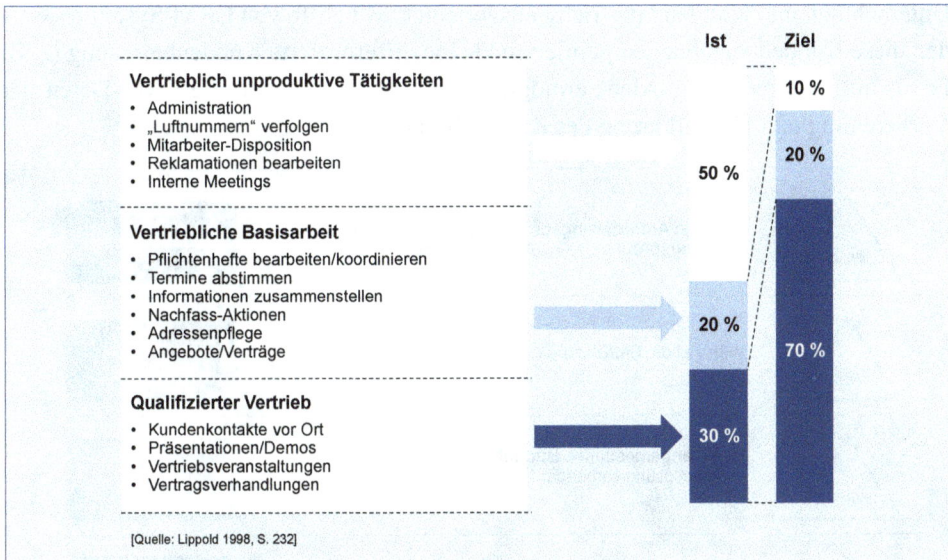

Abb. 6-19:   Tätigkeiten eines Vertriebsbeauftragten im High-Tech-Bereich

Um die oben angesprochenen „Luftnummern" rechtzeitig zu erkennen, bietet es sich besonders im B2B-Bereich an, bereits direkt im Verkaufsgespräch oder im Vertriebsaudit **Akquisitionsschwellen** zu setzen. Mögliche Fragen in diesem Zusammenhang können sein [vgl. Lippold 2018f]:

- Stimmt das Anforderungsprofil des Kundenunternehmens grundsätzlich mit dem Profil der angebotenen Produktleistung überein?

- Wann soll das Produkt eingeführt bzw. das Projekt wirklich gestartet werden?

- Ist überhaupt ein Budget (und wenn ja, welches) für die Produktlösung eingeplant?

- Wer entscheidet letztendlich über die Vergabe des Auftrags, d. h. wird in der Endphase des Akquisitionsprozesses auch mit dem richtigen Ansprechpartner verhandelt?

Sollten keine zufriedenstellenden Antworten auf diese oder ähnliche Fragen (siehe Abbildung 6-20) gegeben werden, so ist die Ernsthaftigkeit des Vertriebskontakts mehr als in Frage gestellt. Ggf. ist der Kontakt aus der Auftragserwartung zu streichen. Der

stärkste Hebel zur Steigerung der Wirtschaftlichkeit im Vertrieb ist im Einsatz von In-
formations- und Kommunikationstechnologien zu sehen. Im Vordergrund stehen hierbei
die bereits oben erwähnten **CRM-Systeme**, die eine konsequente Ausrichtung des Unternehmens auf ihre Kunden und die systematische Gestaltung der Kundenbeziehungs-
prozesse zum Gegenstand haben. Die dazu gehörende Verfolgung (Historie) von Kun-
den- und Interessentenbeziehungen ist ein wichtiger Baustein und ermöglicht ein ver-
tieftes Beziehungsmanagement. In den meisten Branchen sind Beziehungen zwischen
Unternehmen und Kunden langfristig ausgerichtet. Mit Hilfe von CRM-Systemen werden diese Kundenbeziehungen gepflegt und eine differenzierte Kundenbetreuung (z. B.
Fokus auf „wertvolle" Kunden) ermöglicht. Gleichzeitig dienen die CRM-Daten der
Vorbereitung und Durchführung des Kundenbesuchs.

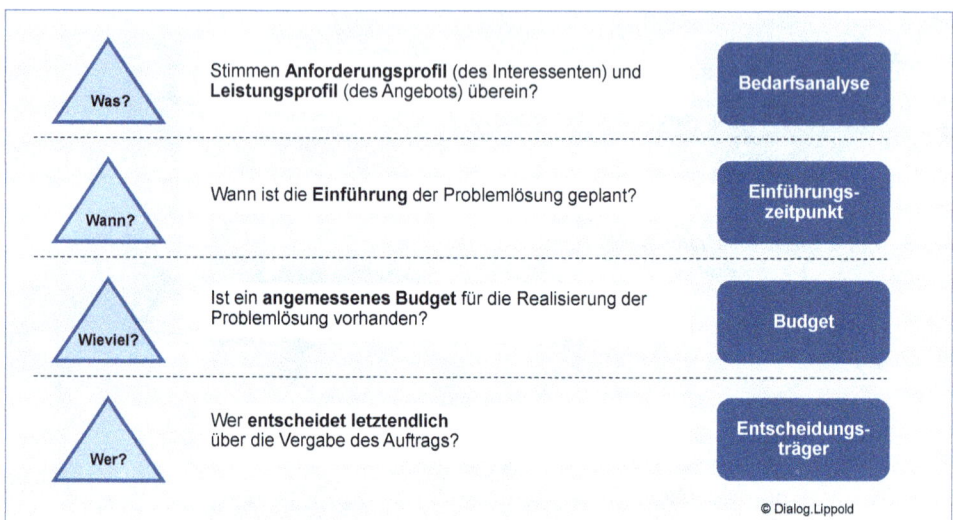

Abb. 6-20: Vier Fragen zur Prüfung der Ernsthaftigkeit eines Akquisitionskontaktes

6.4.4   Kennzahlen im Vertrieb

Für den Vertriebsbereich bietet sich eine ganze Reihe wichtiger Kennzahlen (engl. *Key
Performance Indicators – KPIs*) als **Steuergrößen** bzw. verdichtete Informationen über
quantifizierbare Tatbestände im Akquisitionsprozess an. Allerdings gibt es nicht die
„besten Kennzahlen" oder das „beste Kennzahlensystem" – zu unterschiedlich sind
Ziele und Strategien einzelner Unternehmen und Branchen. Kennzahlen sind unterneh-
mensindividuell und sollen **Potenzial für Verbesserungen** aufzeigen und nicht als pure
Kontrolle missverstanden werden. Kennzahlen sollten nicht isoliert betrachtet werden.
Ihre größte Aussagekraft entfalten sie erst im Gesamtzusammenhang des Kennzahlen-
systems in einer langfristigen Entwicklung. Für eine erfolgreiche Vertriebssteuerung ist
es daher wichtig, die für das Unternehmen wirklich relevanten Kennzahlen auszuwählen
und zeitnah zur Verfügung zu stellen. Denn mit einem effektiven Vertriebskennzahlen-
system besitzt das Unternehmen ein umfassendes Informationsinstrument für sämtliche

Absatz-, Kunden-, Wettbewerbs- und Marktsituationen. Vertriebskennzahlen bilden die Zielvorgaben für einzelne Vertriebsprozesse und steuern somit die Vertriebsorganisation als Ganzes als auch den einzelnen Vertriebsbeauftragten [vgl. Bitkom 2006, S. 2 ff.].

Vertriebskennzahlen füllen in erster Linie drei Funktionen aus. Sie dienen

– als die Grundlage für die **Vertriebsplanung**,

– dem Controlling als Grundlage für das Aufspüren von **Verbesserungspotenzialen** und

– der **Motivation der Mitarbeiter**, indem sie die einzelnen Vertriebsleistungen bewerten und vergleichen und damit Basis für die Berechnung von variablen Vergütungsanteilen sind.

Um die Vielzahl der zur Verfügung stehenden Vertriebskennzahlen besser einordnen zu können, sollen eine ausgewählte Anzahl entlang des Akquisitionszyklus mit den Phasen *Lead Generierung*, *Lead Qualifizierung* und *Akquisitionsprozess* aufgeführt werden. Darüber hinaus lassen sich noch Kennziffern aus den anfallenden Akquisitionskosten bilden.

Abbildung 6-21 liefert den entsprechenden Überblick.

Phase des Akquisitionszyklus	Kennziffer	Ziel
Lead Generierung	• Rücklaufquote (Feedback) pro Vertriebs-/Marketingaktion	• Erfolg der Aktionen erhöhen
	• Prozentualer/absoluter Anteil von Messe-/Event-/Aktionsaufwendungen am Marketingbudget	• Marketingkosten ergebnisorientiert steuern
	• Veranstaltungsindex bestehend aus Hausmessen/Ausstellungen/Roadshow, Messen, Präsentationen, Demo's etc.	• Erfolgsorientiertes Eventmanagement
	• Adress-/Bedarfs-qualifiziertes Potenzial zu Gesamtpotenzial	• Direktmarketing-kosten optimieren
Lead Qualifizierung	• Gewonnene Prospects, d. h. das Verhältnis der Anzahl der bearbeiteten Leads in einer Kategorie mit hoher Abschlusswahrschein-lichkeit zur nächst niedrigeren Stufe	• Messung und Steuerung des Lead-Qualifizie-rungsprozesses
	• Forecast Sales Pipeline	• Planbarkeit AEs erhöhen
Akquisitionsprozess (Abschluss)	• Realisierte Auftragseingangs-, Umsatz-, DB-Quote, d. h. Anzahl Mitarbeiter zu Auftrags-eingang, Umsatz, DB	• Erhöhung der Ver-triebsproduktivität
	• Angebotserfolgsquote, d. h. die Anzahl der erfolgreichen Angebote im Verhältnis zu allen abgegebenen Angeboten	• Angebotserfolge erhöhen
	• Total Contract Value (TCV) abgegebener Angebote	• Transparenz der TCV-Entwicklung
	• Auftragsverlustquote, d. h. Anzahl der nicht erzielten Aufträge im Verhältnis zu allen abgegebenen Angeboten	• Anzahl der Auf-träge aus Ange-boten erhöhen
	• Gewährte Rabatte/Erlösschmälerungen zu Brutto-Auftragseingang/Umsatz-Auftrags-werten	• Einhaltung geplanter Marktpreise
	• Neukundenquote, d. h. Anzahl der Aufträge bei Erstkunden im Verhältnis zur Anzahl aller Aufträge innerhalb einer definierten Periode	• Entwicklung des Neugeschäfts
	• Entwicklung des Kundenbestands („Schlagzahl")	• Erhöhung der An-gebotsattraktivität
	• Abschlussquote (engl. *Conversion rate*), d. h. Anzahl aller erzielten Aufträge im Verhältnis zur Gesamtzahl der Auftragserwartungen innerhalb einer definierten Periode	• Klarheit über die erfolgreichen Ziel-kundensegmente erhalten
	• Auftragsquote, d. h. Anzahl der erzielten Aufträge pro 10 Kundenbesuche	• Verbesserung der Vertriebseffektivität
	• Zeitlicher Anteil der Vertriebskontakte im Verhältnis zur gesamt verfügbaren Arbeitszeit	• Produktivität der Vertriebsmitarbeiter optimieren

© Dialog.Lippold

Abb. 6-21: Ausgewählte Akquisitionskennzahlen

7. Betreuung – Optimierung der Kundenzufriedenheit

Die **Betreuung** ist die sechste Phase und das letzte wichtige Aktionsfeld im Rahmen des Vermarktungsprozesses von B2B-Produkten und -Leistungen (siehe Abbildung 7-01). Da die Marketingaktivitäten eines Unternehmens nicht mit dem Auftragseingang enden, zielt die Betreuung auf die Optimierung der *Kundenzufriedenheit* ab. Die Komponente *Betreuung* unterscheidet sich insofern von den übrigen Aktionsfeldern der Marketing-Gleichung, weil sie erst *nach* der Auftragsvergabe zur Wirkung gelangt. Innerhalb des Vermarktungsprozesses ist sie der *Post-Sales-Phase* zuzuordnen [vgl. Lippold 2019c].

7.1 Zweifache Bedeutung des Aktionsfeldes „Betreuung"

Dem Aktionsfeld *Betreuung* kommt in zweifacher Hinsicht eine besondere Bedeutung zu.

Zum einen ist die vorhandene Kundenbasis immer dann das am leichtesten zu erreichende Absatzpotenzial für das **Folgegeschäft**, wenn es gelingt, die bisherige Beziehung zur Zufriedenheit des Kunden zu gestalten.

Im B2B-Marketing mit komplexen Produkten und Leistungen ist dies dann der Fall, wenn das Projekt aufwandsgerecht durchgeführt wird, der Funktionsumfang den Erwartungen entspricht und das Kundenunternehmen auch nach dem Projekteinsatz das Gefühl hat, jederzeit kompetent (und bevorzugt) betreut zu werden. Mit den daraus resultierenden Folgeaufträgen wächst das Unternehmen mit seinem Kunden.

Zum anderen ist ein gut betreuter Kunde in idealer Weise auch immer eine **Referenz** für das **Neugeschäft**, d. h. zur Gewinnung neuer Kunden. Besonders im B2B-Geschäft sind Referenzen in einem Markt, dessen Entscheidungsprozesse häufig vom Kaufmotiv *Sicherheit* geprägt sind, in vielen Fällen ein wesentlicher Schritt zur Absicherung der Kaufentscheidung. In Abbildung 7-01 sind die beiden grundsätzlichen **Kundenstrategien**, also das Neukunden-Marketing (→ Neugeschäft) und das Bestandskunden-Marketing (→ Folgegeschäft) dargestellt. Hierbei sollte aber kein „entweder – oder", sondern ein „sowohl als auch" im Mittelpunkt strategischer Überlegungen stehen.

https://doi.org/10.1515/9783110756807-007

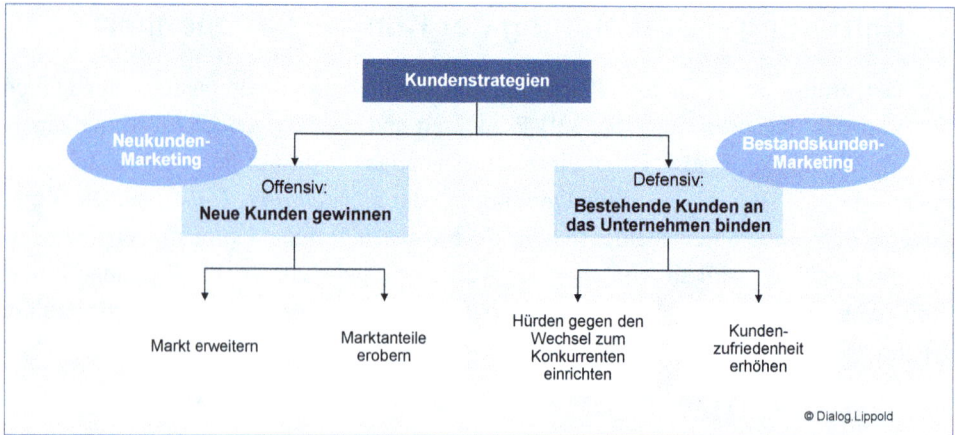

Abb. 7-01: Kundenstrategien im Aktionsbereich Betreuung

7.2 Bausteine eines integrierten Kundenmanagements

Angesichts der stärkeren Beachtung des Post-Sales-Geschäfts sind die Unternehmen gefordert, die Rahmenbedingungen zur Umsetzung von Kundenorientierung zu schaffen bzw. zu verbessern. Dazu zählt nicht nur die Auswahl der einzelnen Bausteine der Kundenorientierung, sondern vor allem deren Integration zu einem ganzheitlichen Kundenmanagement. Zu den **Bausteinen eines integrierten Kundenmanagements** zählen im Wesentlichen

- ein **Kundenbindungsmanagement** zur Festigung individueller Kundenbeziehungen,

- ein **Qualitätsmanagement** zur Verbesserung der Produktqualität,

- ein **Servicemanagement** zur Verbesserung der Servicequalität und

- ein **Beschwerdemanagement** zur Vermeidung von Kundenabwanderungen.

Um die einzelnen Ziele und Aktivitäten des Kundenmanagements zu charakterisieren, bietet es sich an, die **Zielgruppen** des Kundenmanagements in potentielle Kunden (Interessenten), Neukunden, Stammkunden und verlorene Kunden zu unterteilen.

Ordnet man nunmehr den Zielgruppen die jeweils opportune Managementaktivität zu, so ergibt sich das in Abbildung 7-02 gezeigte Schema.

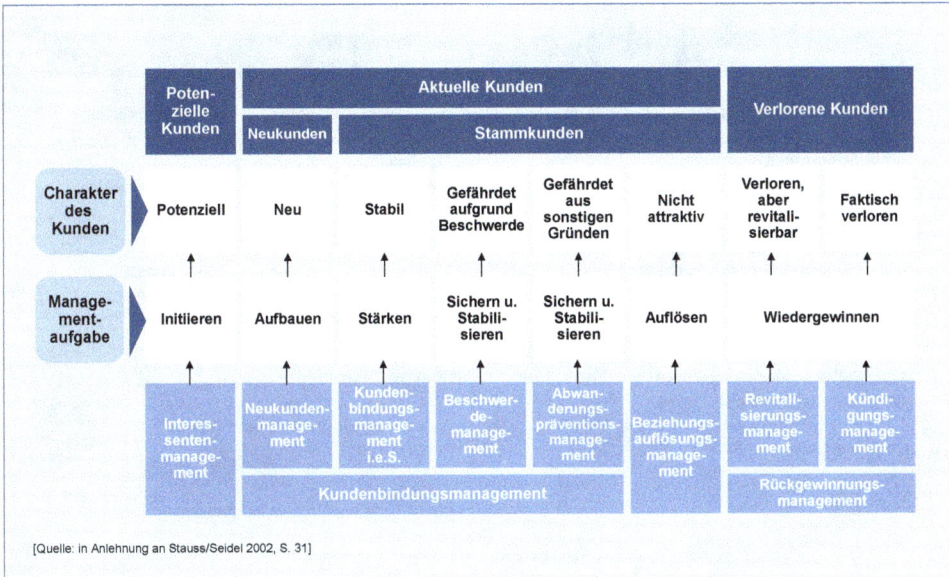

Abb. 7-02: Bereiche des Kundenmanagements

7.3 Kundenbeziehungsmanagement

Um die Betreuung, d. h. um die Bearbeitung der Bestandskunden zu optimieren, ist es erforderlich, sich zunächst mit den Aspekten des Kundenbeziehungsmanagements zu befassen. Das Kundenbeziehungsmanagement, das auch als Beziehungsmarketing bezeichnet wird, hat seinen Ursprung im B2B-Bereich und hier insbesondere im System- und Anlagengeschäft, wo besonders vielschichtige und intensive Kundenbeziehungen typisch sind. Prinzipiell steht das Beziehungsmarketing im Gegensatz zum Transaktionsmarketing. Beim **Transaktionsmarketing** steht der reine Verkaufsakt im Vordergrund. Das **Beziehungsmarketing** betrachtet dagegen die Austauschbeziehungen zwischen Anbieter und Nachfrager prozessual und ganzheitlich. Damit wird es beeinflusst von den betriebswirtschaftlichen Zusammenhängen zwischen **Kundenbindung und Gewinnerzielung**.

Abbildung 7-03 zeigt die wesentlichen Unterschiede zwischen dem Transaktions- und dem Beziehungsmarketing auf.

Transaktionsmarketing	Beziehungsmarketing
Orientierung am kurzfristigen Transaktionserfolg • Priorität der kurzfristigen Kundenabschöpfung • Wachstum durch neue Kunden • Transaktionsorientierte Sicht der Kundenbeziehung	**Orientierung am langfristigen Beziehungserfolg** • Langfristige Ausschöpfung aller Kundenpotentiale • Wachstum durch Kundenbindung • Evolutorisches Verständnis der Kundenbeziehung
Prioritäten des Produkterfolges • Umsatz und Marktanteil als oberste Marketing-Ziele • Gesamtmarkt – oder Segmentbetrachtung • Kontrolle der Vorteilhaftigkeit von Transaktionen	**Priorität des Kundenerfolgs** • Kundennähe, -zufriedenheit und -bindung als Ziele • Individuelle Steuerung von Kundenbeziehungen • Vertrauen in Fairness der Geschäftsprozesse
Aktionistische Marketingprozesse • Breitangelegte Kommunikation • Standardisierte Marketingaktivitäten • Klare Grenzen zum Kunden	**Interaktive Marketingprozesse** • Dialog-Kommunikation • Individualisierte Marketingaktivitäten • Integration des Kunden

© Dialog.Lippold

Abb. 7-03: Transaktionsmarketing vs. Relationship Marketing

7.3.1 Beziehungsmarketing als B2B-Erfolgsweg

Die Gegenüberstellung darf aber nicht so verstanden werden, dass das Beziehungsmarketing dem Transaktionsmarketing immer und in jeder Weise überlegen ist. Die Entscheidung, ob Transaktionsmarketing oder Beziehungsmarketing der bessere Weg ist, hängt auch von den Wünschen und Vorstellungen des einzelnen Kunden ab. Eine Vielzahl von Kunden schätzt ein umfassendes Produkt- und Leistungsangebot und bleibt lange Zeit Stammkunde. Andere Kunden hingegen zielen auf Kostenvorteile und wechseln bei niedrigeren Kosten sofort den Anbieter. Insofern ist das Beziehungsmarketing nicht bei allen Kunden der richtige Ansatz, da sich die hohen Aufwendungen der Beziehungspflege nicht immer bezahlt machen. Bei Kunden jedoch, die sich gern auf ein bestimmtes Leistungspaket festlegen und zudem eine kontinuierliche und gute Betreuung erwarten, ist das Beziehungsmarketing ein außerordentlich wirkungsvolles Instrument und dürfte im B2B-Sektor der Erfolgsweg sein.

7.3.2 Customer Relationship Management

Customer Relationship Management (CRM) steht für die konsequente Ausrichtung aller Unternehmensprozesse auf den Kunden. Der Kerngedanke des CRM ist die Steigerung des Unternehmens- und Kundenwerts durch das systematische Management der existierenden Kundenbeziehungen. Mit CRM lassen sich besonders wertvolle Kundengruppen identifizieren und mit gezielten Maßnahmen der Kundenbindung (engl. *Customer Re-*

tention) an das Unternehmen binden. Dies wird durch Konzepte wie Loyalitätsmaßnah-
men, Personalisierung und Dialogmanagement erreicht. Ein leistungsfähiges CRM-
System sollte folgende strategischen Fragen beantworten können:

– Welche Kunden sind die profitabelsten in der Dauer der Kundenbeziehung und wie
  unterscheiden sich diese in ihrem Verhalten und ihren Prozessen?

– Welche Leistungen und Personalisierungsangebote müssen geboten werden, damit
  sie dem Unternehmen langfristig verbunden bleiben?

– Wie können ähnliche neue profitable Kunden nachhaltig gewonnen werden?

– Wie lässt sich ein differenziertes Leistungsangebot für unterschiedliche Kunden entwickeln ohne die Kosten zu erhöhen?

Zur Beantwortung dieser Fragen benötigen Unternehmen differenzierte Daten über ihre
Kunden. Diese sind zumeist in mehr oder weniger strukturierter Form (als numerische
Daten, als Fließtext, als Grafiken etc.) in verschiedenen Kunden- oder Produktdatenban-
ken des Unternehmens vorhanden. Für Zwecke des Customer Relationship Management
müssen diese Daten in geeigneten IT-gestützten CRM-Systemen zusammengefügt werden, um die notwendigen Kundeninformationen herausfiltern zu können. Wesentliche
Instrumente dazu sind Data Warehouse- und Data Mining-Systeme.

7.3.3   Kundenlebenszyklus

Trotz aller bindungserhaltenden und -steigernden Maßnahmen halten Geschäfts- bzw.
Kundenbeziehungen nicht ewig. Ähnlich wie bei Produkten unterliegt auch die Kundenbeziehung einem Lebenszyklus. Der Kundenbeziehungs- bzw. **Kundenlebenszyklus**
(engl. *Customer Lifecycle*) beschreibt idealtypisch die verschiedenen Phasen einer
(langfristigen) Geschäftsbeziehung. Danach können sechs Phasen unterschieden werden:

• Anbahnungsphase

• Explorationsphase

• Expansionsphase

• Reife- bzw. Gefährdungsphase

• Kündigungsphase

• Revitalisierungsphase.

In Abbildung 7-04 sind die Phasen des Kundenlebenszyklus entsprechenden Manage-
mentaufgaben zugeordnet.

Phase	Anbahnungs-phase	Explorations-phase	Expansions-phase	Reifephase (Gefährdungs-phase)	Kündigungs-phase	Revitalisie-rungsphase
Ziel	Anbahnung von neuen Geschäfts-beziehungen	Festigung von neuen Geschäfts-beziehungen	Stärkung von stabilen Geschäfts-beziehungen	Stabilisierung gefährdeter Geschäfts-beziehungen	Rücknahme von Kündigungen	Wiederan-bahnung der Geschäfts-beziehung
Kunden-bezogene Umsätze und Kosten		Geringe Umsätze – hohe Kosten	Steigende Umsätze – sinkende Kosten	Maximale Umsätze – minimale Kosten		
Management-aufgabe	Interessenten-management	Neukunden-management	Zufriedenheits-management	Beschwerde-management	Kündigungs-management	Revitalisie-rungs-management

Interessenten-management	Kundenbindungsmanagement	Rückgewinnungs-management

[Quelle: Becker 2009 unter Bezugnahme auf Stauss 2000]

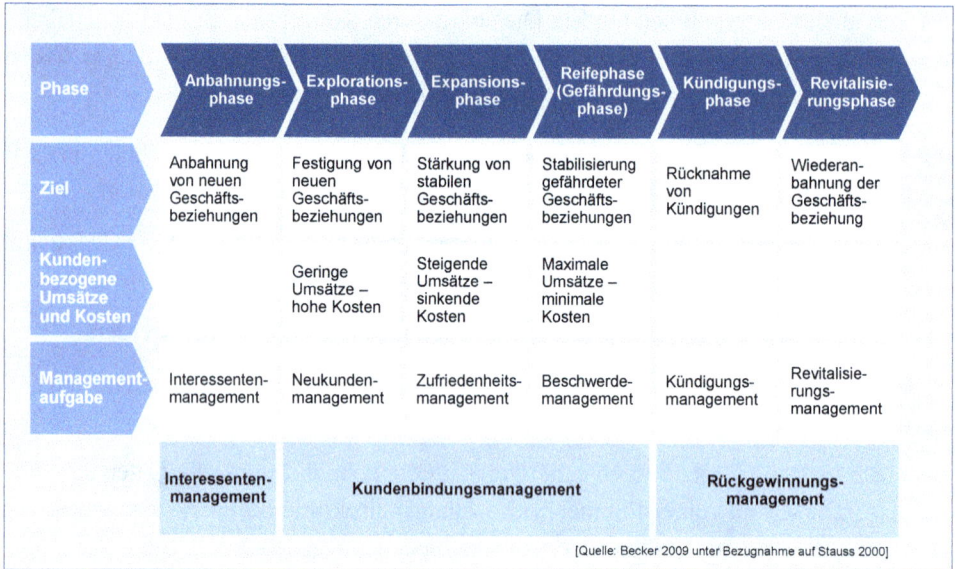

Abb. 7-04: Phasen des Kundenlebenszyklus

Literatur

Alderson, W. (1957): Marketing Behavior and Executive Action, Homewood (Il.) 1957.

Amthor, A./Brommund, T. (2010): Mehr Erfolg durch Web Analytics: Ein Leitfaden für Marketer und Entscheider, Hanser, München 2010.

Backhaus, K./Voeth, M. (2010): Industriegütermarketing, 9. Aufl., Vahlen, München 2010.

Backhaus, K./Voeth, M. (2014): Industriegütermarketing, 10. Aufl., Vahlen, München 2014.

Baumgarth, C. (2004): Markenführung von B-to-B-Marken, in: Bruhn, M. (Hrsg.): Handbuch Markenführung, Gabler, Wiesbaden 2004.

Bänsch, A. (2002): Käuferverhalten, 9. Aufl., Oldenbourg, München, Wien 2002.

Becker, J. (2019): Marketing-Konzeption. Grundlagen des ziel-strategischen und operativen Marketing-Managements, 11. Aufl., München 2019.

Bitkom (Hrsg.) (2006): Vertriebskennzahlen für ITK-Unternehmen. Leitfaden Vertriebs-Measurement.

Bitkom (Hrsg.) (2010): Phasen im Leadmanagement-Prozess. Leitfaden.

Blake, R. R./Mouton, J. S. (1972): Besser verkaufen durch GRID, Düsseldorf – Wien 1972.

Furth, D./Griebsch, L. (2021): Was ist eigentlich ein Advertorial und welche Vorteile bringt es im B2B Marketing? In: https://www.marconomy.de/was-ist-eigentlich-ein-advertorial-und-welche-vorteile-bringt-es-im-b2b-marketing-a-1006432/

Godefroid, P./Pförtsch, W. A. (2008): Business-to-Business-Marketing, 4. Aufl., Ludwigshafen 2008.

Große-Oetringhaus, W. (1986): Die Bedeutung des strategischen Marketings für den Vertrieb, Siemens-interne Vortragsvorlage, München 1986.

Heitsch, D. (1985): Das erfolgreiche Verkaufsgespräch, 2. Aufl., Moderne Industrie, Landsberg am Lech 1985.

Holland, H. (2014): Dialogmarketing – Offline und Online, in: Holland, H. (Hrsg.): Digitales Dialogmarketing: Grundlagen, Strategien, Instrumente, Gabler, Wiesbaden 2014, S. 3-28.

https://doi.org/10.1515/9783110756807-008

Homburg, C./Krohmer, H. (2009): Marketingmanagement. Strategie – Umsetzung – Unternehmensführung, 3. Aufl., Gabler, Wiesbaden 2009.

Jost, A. (2000): Kundenmanagementsteuerung – Erweiterung der Vertriebssteuerung im Rahmen umfassender CRM-Systeme, in: Bliemel F./Fassott, G./Theobald, A. (Hrsg.): Electronic Commerce – Herausforderungen – Anwendungen – Perspektiven, 3. Aufl., Gabler, Wiesbaden 2000, S. 331–348.

Kaas, K. P. (1992): Kontraktgütermarketing als Kooperation zwischen Prinzipalen und Agenten, in: Zeitschrift für betriebswirtschaftliche Forschung (ZfbF), Jg. 44, S. 884–901.

Kleinaltenkamp, M. (2000): Einführung in das Business-to-Business Marketing, in: Kleinaltenkamp, M./Plinke, W. (Hrsg.): Technischer Vertrieb: Grundlagen des Business-to-Business Marketing, 2. Aufl., Springer, Berlin 2000, S. 171–247.

Kotler, P./Armstrong, G./Wong, V./Saunders, J. (Kotler et al. 2011): Grundlagen des Marketing, 5. Aufl., Pearson, München 2011.

Kuß, A. (2013): Marketing-Theorie. Eine Einführung, 3. Aufl., Wiesbaden 2013.

Laakmann, K. (1995): Value-Added-Services als Profilierungsinstrument im Wettbewerb – Analyse, Generierung, Bewertung, Frankfurt am Main 1995.

Leußer, W./Hippner, H./Wilde, K.D. (Leußer et al. 2011): CRM – Grundlagen, Konzepte und Prozesse, in: Hippner, H./Hubrich, B./Wilde, K. D. (Hrsg.): Grundlagen des CRM – Strategie, Geschäftsprozesse und IT-Unterstützung, Gabler, Wiesbaden 2011.

Lippold, D. (1993): Marketing als kritischer Erfolgsfaktor der Softwareindustrie. In: Arnold, U./Eierhoff, K. (Hrsg.): Marketingfocus: Produktmanagement, Schäffer Poeschel, Stuttgart 1993, S. 223–236.

Lippold, D. (1998): Die Marketing-Gleichung für Software. Der Vermarktungsprozess von erklärungsbedürftigen Produkten und Leistungen am Beispiel von Software, 2. Aufl., M&P Schäffer Poeschel, Stuttgart 1998.

Lippold, D. (2010): Die Marketing-Gleichung für Unternehmensberatungen, in: Niedereichholz et al. (Hrsg.): Handbuch der Unternehmensberatung, Bd. 2, 7440, Berlin 2010.

Lippold, D. (2015): Die Marketing-Gleichung. Einführung in das Prozess- und wertorientierte Marketingmanagement, 2. Aufl., Berlin/Boston 2015.

Lippold, D. (2018a): Die Unternehmensberatung. Von der strategischen Konzeption zur praktischen Umsetzung, 3. Aufl., Springer Gabler, Wiesbaden 2016.

Lippold, D. (2018b): Marketing – die Stiefmutter aller betrieblichen Funktionen. In: https://www.marconomy.de/marketing-die-stiefmutter-aller-betrieblichen-funktionen-a-776801/

Lippold, D. (2018c): Wie richtige B2B-Segmentierung den Kundennutzen optimiert. In: https://www.marconomy.de/wie-richtige-b2b-segmentierung-den-kundennutzen-optimiert-a-779503/

Lippold, D. (2018d): Wie richtige B2B-Positionierung den Kundenvorteil optimiert. In: https://www.marconomy.de/wie-richtige-b2b-positionierung-den-kundenvorteil-optimiert-a-781594/

Lippold, D. (2018e): Wie richtige B2B-Kommunikation die Kundenwahrnehmung optimiert. In: https://www.marconomy.de/wie-richtige-b2b-kommunikation-die-kundenwahrnehmung-optimiert-a-783756/

Lippold, D. (2018f): Wie mit vier Fragen ein scheinbar ernsthafter Vertriebskontakt entzaubert werden kann, in: https://lippold.bab-consulting.de/wie-mit-vier-fragen-ein-scheinbar-ernsthafter-vertriebskontakt-entzaubert-werden-kann2

Lippold, D. (2018g): Wo Buying Center und Selling Center aufeinandertreffen, in: https://www.marconomy.de/wo-buying-center-und-selling-center-aufeinandertreffen-a-765833/

Lippold, D. (2019a): Wie richtiger B2B-Vertrieb die Kundennähe optimiert. In: https://www.marconomy.de/wie-richtiger-b2b-vertrieb-die-kundennaehe-optimiert-a-783795/

Lippold, D. (2019b): Wie richtige B2B-Akquisition die Kundenakzeptanz optimiert. In: https://www.marconomy.de/wie-richtige-b2b-akquisition-die-kundenakzeptanz-optimiert-a-787892/

Lippold, D. (2019c): Wie richtige B2B-Betreuung Kundenzufriedenheit optimiert. In: https://www.marconomy.de/wie-richtige-b2b-betreuung-kundenzufriedenheit-optimiert-a-788050/

Lippold, D. (2019d): B2B Marketing und Vertrieb à la Carte, in: https://lippold.bab-consulting.de/b2b-marketing-und-vertrieb-a-la-carte (aufgerufen am 20.02.2019).

Menthe, T./Sieg, M. (2013): Kundennutzen: die Basis für den Verkauf. So verwandeln Sie Leistungen in messbaren Mehrwert, Gabler, Wiesbaden 2013.

Mühlenhoff, M./Hedel, L. (2014): Internet als Marketinginstrument – Werbeorientierte Kommunikationspolitik im digitalen Zeitalter, in: Holland, H. (Hrsg.): Digitales Dialogmarketing. Grundlagen, Strategien, Instrumente, Wiesbaden 2014, S. 517-535.

Münzberg, H. (2006): Herausforderung Marketing. Diskussion zur Effektivität des Marketing, Capgemini Consulting-Studie 2006.

Niedereichholz, C. (2010): Unternehmensberatung, Band 1, Beratungsmarketing und Auftragsakquisition, 5. Aufl., München 2010.

Oberstebrink, T. (2013): So verkaufen Sie Investitionsgüter: Von der Commodity bis zum Anlagenbau: Wie Sie im harten Wettbewerb neue Kunden gewinnen, Gabler, Wiesbaden 2013.

Roddewig, S. (2003): Website Marketing. So planen, finanzieren und realisieren Sie den Marketing-Erfolg Ihres Online-Auftritts, Braunschweig/Wiesbaden 2003.

Runia, P./Wahl, F./Geyer, O./Thewißen, C. (Runia et al. 2011): Marketing. Eine prozess- und praxisorientierte Einführung, 3. Aufl., Oldenbourg, München 2011.

Sapio Research (2021): E-Commerce in der Fertigungsindustrie – Studie 2020/21. Chancen, Herausforderungen und Kundenanforderungen. In: https://www.marconomy.de/e-commerce-wird-zum-muss-fuer-hersteller-a-1018228/

Schildhauer, T. (1992): Strategisches Softwaremarketing. Übersicht und Bewertung, Wiesbaden 1992.

Schögel, M./Pernet, N. (2010): Konfliktmanagement in der Distribution. Konfliktarten, Konfliktursachen und Konsequenzen für das Konfliktmanagement in Mehrkanalsystemen, in: Ahlert, D./Kenning, P./Olbrich, R./Schröder, H. (Hrsg.): Multichannel-Management, Frankfurt a. M. 2010.

Stauss, B. (2000): Perspektivenwandel: Vom Produktlebenszyklus zum Kundenbeziehungslebenszyklus, in Thexis 2/2000, S. 15-18.

Strothmann, K.-H./Kliche, M. (1989): Innovationsmarketing. Markterschließung für Systeme der Bürokommunikation und Fertigungsautomation, Gabler, Wiesbaden 1989.

Vogel Communications (2020): B2B Marketing und Informationsquellen in der Industrie. Eine Studie der Vogel Communications Group 2020.

Webster, F. E./Wind, Y. (1972): Organizational Buying Behavior, Englewood Cliffs, N. J. 1972.

Wittmann, G./Seidenschwanz, H./Pur, S. (Wittmann et al. 2019): Online-Kaufverhalten im B2B-E-Commerce 2019. Studie des ibi Research 2019. In: https://ibi.de/veroeffentlichungen/B2B-E-Commerce

Abbildungsverzeichnis

https://doi.org/10.1515/9783110756807-009

Sachwortverzeichnis

https://doi.org/10.1515/9783110756807-010

www.ingramcontent.com/pod-product-compliance
Lightning Source LLC
Chambersburg PA
CBHW072000220326
41599CB00034BA/7061